B29を護衛するP51の編隊

横から見た原爆投下作戦

秋吉美也子

元就出版社

B 29による八幡空襲。白煙をあげる八幡製鉄所

北九州八幡を爆撃したB 29第一陣の搭乗員

テネシー州オークリッジ・クリントンの原爆工場
U235をU238から分離する工場をつくるため、まず13,000人の住む町ができた。

スチムソン陸軍長官(右)とマーシャル陸軍参謀総長。グローブス少将(上)とルメー陸軍少将

朝鮮沿岸への機雷投下作戦に赴く編隊飛行中の313BW16BG所属のＢ29陸軍爆撃機

Ｐ47サンダーボルト陸軍戦闘機

Ｂ29を護衛して日本本土に向かうＰ51ムスタング陸軍戦闘機

ヤルタ会談。左からチャーチル首相、ルーズベルト大統領、スターリン首相
1945年２月のこの会談で、米ソ首脳はソ連の対日参戦を合意

ポツダム会議。右方前列の白上衣がスターリン、隣にトルーマン

テニアンに原爆を運んだ米重巡インディアナポリス。３日後に日本潜水艦に撃沈された

長崎に投下されたプルトニュウム爆弾ファットマン

テニアンへ帰還したエノラゲイ号の搭乗員。
後列右から２人目が指揮官ティベッツ陸軍大佐

広島への原爆投下機Ｂ29エノラゲイ号。機体が非常に滑らかなことがわかる

長崎への原爆投下機ボックスカー号（77号機）の搭乗員。後列右端が機長スウィーニー陸軍少佐

通常スゥイーニーの乗機であったグレートアーティスト号。広島・長崎に随伴機として出撃。9日にはボック大尉の機長でローレンス記者を乗せた

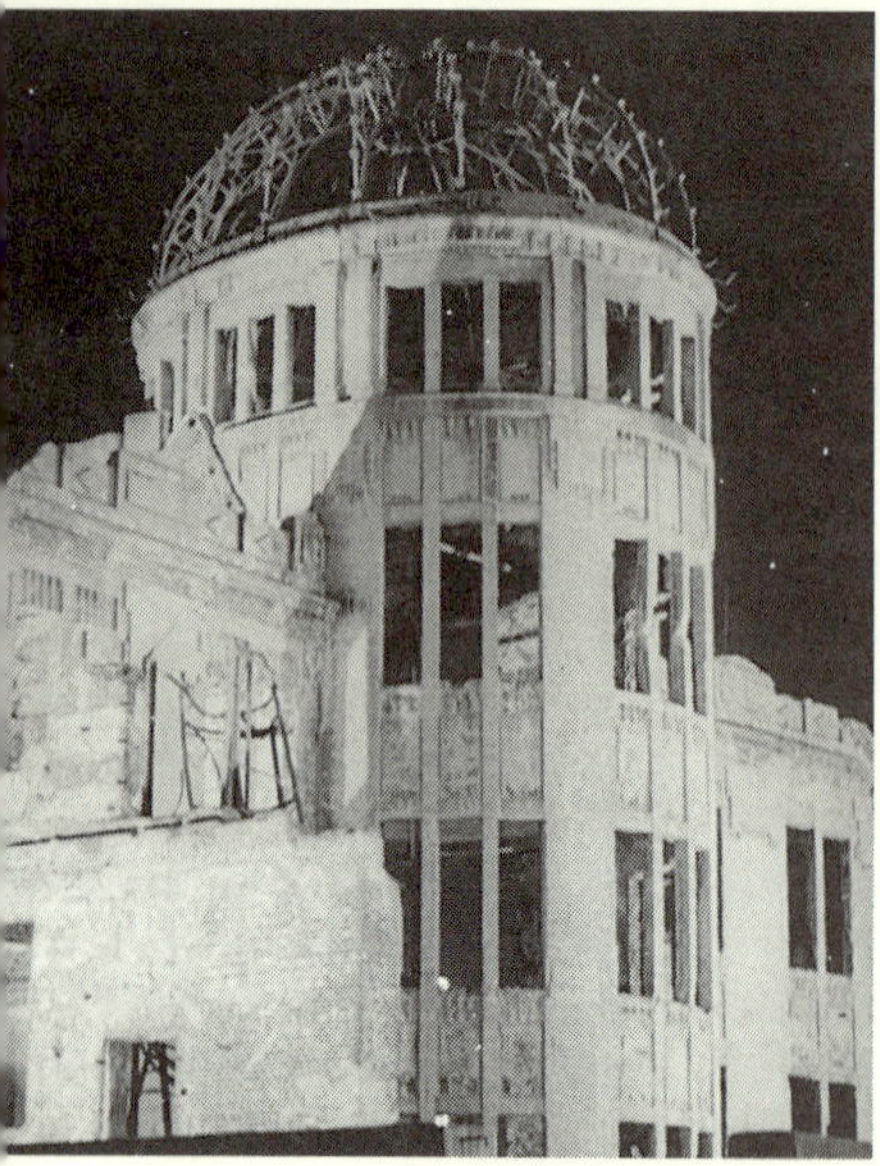
広島の原爆ドーム

広島に投下された原子爆弾

長崎三菱製鋼所の残骸

長崎に投下された原子爆弾

序に代えて――戦争を知らないあなたに

あなたは、六十年以前のあの戦争で、自分の町が焼けたかどうかを知っていますか？そのことが広島と長崎（計画では福岡県小倉）の原爆と、どう関わったかを知っていますか？

例えばあなたが今治や宇和島の出身なら、あの小さな町に、なぜ広島攻撃の直前に何千トンの爆弾が降ったのか、不思議に思うのが当然です。あなたが北九州の出身なら、なぜその前日に八幡が丸焼けになったのか、なぜその日、一機が雲の上を旋回していたかを不思議に思うはずです。なぜなら小倉に原爆が落ちていたら、あなたは長崎の、生まれなかった子の代わりになっていたのですから。

大きなジェット機しか知らないあなたには、十一人乗りのプロペラ機B29は、文字通り前世紀の遺物にしか見えないでしょう。でも、あの頃、多くの日本人は、あの銀色の翼の輝き、航空力学的に完成された形を、科学技術の成果と称えるような感覚で見ていました。でも、いうまでもなく敵機は美術品ではありません。その心理は、あの負け戦の中で巨大機の大群を見上げた無力感とともにあり、顧みて自国にその富や技術や他の何かが欠けていることを思い知った絶望感を伴い、今日では、説明や伝達が不可能に思われます。

B29の恐ろしさは一機二機を撃墜しても体当たりしても、湧くように次々と数が増えることでした。行く着くところは技術だけではなく、経済力と指導者の意志でした。

一九四五年（昭和二十年）三月、B29一機が福岡県鞍手郡植木町の中島橋河川敷に墜落した。たちまち数百の見物人が押し寄せた。「黒船」騒動である。「エンジンにゴムが巻いてあって機銃弾がめり込むそうな」「女が乗っとるそうな」などの噂を確かめに来たのである。群衆が驚いたのは米軍の、安全と居住性に対する配慮であった。

四〇〇〇メートル以上の高空では、寒気と酸素不足から視力が落ち、意識が薄れるといわれる。日本軍の飛行士の装備には、ニクロム線付きのズボン、酸素マスクがついていた。飛行帽にゴーグルにマスク、手袋は動作を妨げたに違いない。

B29は、今日の旅客機同様の調整された空気を室内に満たし、乗員は軽装で、落下傘降下の際には破片よけに厚手のフラック・スーツを着た。しかし、往復十五時間の爆撃行は、人工衛星の誘導もない頃の、極めて手技的な熟練を必要とした。長い時を経た今なら、彼らの直面した危険や恐怖を、同じ人間のものとして理解できるように思われる。

あの頃、半世紀後には航空機が庶民の足となり、誰もが空中からわが町を見下ろすことができるとは、考えられないことであった。原爆に関しては、投下した側と受けた側の、二つの視点しか存在せず、それは決して交わらない。北九州付近の住人は、いわば横からそれを見た。横からしか見えない真実がある。この視点は、日本人がほとんど知らないまで来た、あの戦争の真実を引き出すきっかけになるかも知れないという気がしている。

横から見た原爆投下作戦——目次

写真提供／雑誌「丸」編集部・米国立公文書館

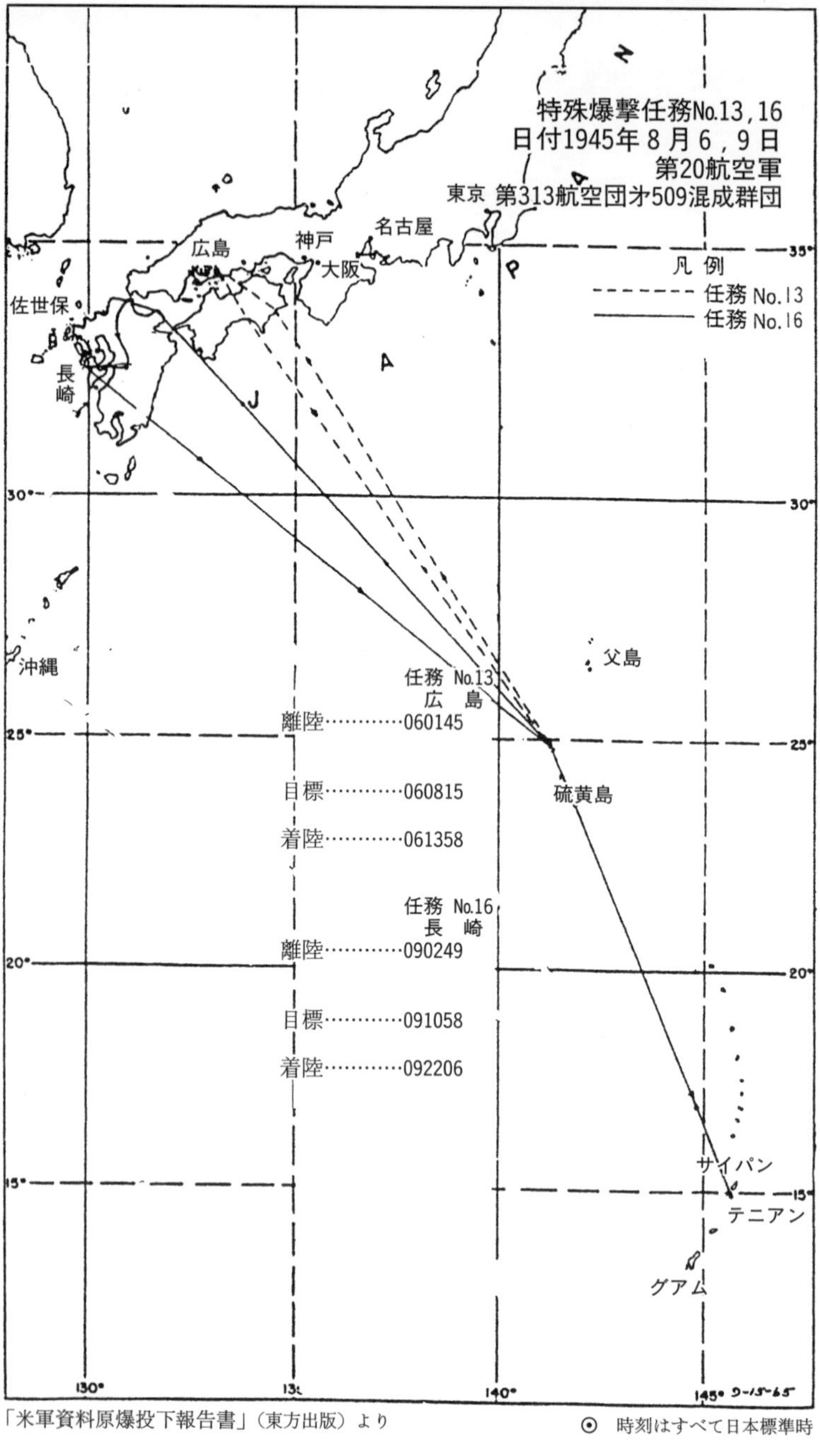

「米軍資料原爆投下報告書」（東方出版）より

⊙ 時刻はすべて日本標準時

第一章――子どもの戦争

1　子どもも戦っていた

（誕生日には、空色のパフ袖のワンピースを着る）と決めていた。胸に刺繍《ししゅう》のある一番いい服だ。数年前のもので丈が短いが、モンペの下だから構わない。十二年も生きたのだから、祝っていいはずだ。おそらく次の誕生日はないのだから。

子どもとは、何という安穏でしたたかな生き物であったろう。八月になっても夏休みの気配がないので、喜びが日ごとに膨らんだ。

（誕生日に友人が招《よ》べる！）

……まず大きな卵焼きをつけよう。キュウリにミョウガの和《あ》えもので一品。これだけではちょっと淋しいな。母に相談しよう……。

母はすぐ考えを決めた。ストックを惜しむ場合ではない。

「鮭缶が一つある。茄子《なす》の挟み揚げならできるけど?」

私は躍り上がって下駄をつっかけ、出席の約束をとりつけに走った。

来月死ぬというのに、どうしてあれほど幸福だったのだろう。多分、私は「死」を知らなかった。そんなことより、母の態度のどこかに、「敗れても全国民が死ぬことはない」

という確信を嗅ぎ取っていたのかもしれない。しかし、隣組では「本土決戦で敵が近づいたら、女子どもを防空壕に入れて（ダイナ）マイトをかける。男は竹槍で戦う」とあっさり決めていた。粉々に吹き飛ぶ自分の姿が夢に現われた。

北部九州は山つづきである。新幹線は、九州の最初の駅小倉を出ると、たちまち地下に潜り、八幡市と皿倉山（六二六メートル）を見ない。筑豊との境の福知山を越えると、遠《おん》賀川《がかわ》流域に直方《のうがた》平野が現われる。小さな山と丘を越え、犬鳴《いぬなき》山（五八四メートル）の長いトンネルに入る。

戦後、合併して北九州一市になる福岡県門司、小倉、戸畑、若松、八幡の五市はまだ小さく、各々湾岸のわずかな平地にしがみつくように開けた細長い市街であった。

私たちの故郷、福岡県鞍手郡宮田町（現・宮若市）は、筑豊本線の支線、宮田線の沿線にあった。現在の高速では九州自動車道を直方《のうがた》か若宮で降りる。旧道では直方―福岡線、直方と福丸の間である。

九州北部最大の川、遠賀川は、若松に運河で導かれる前は芦屋で玄海灘に注いでいた。この川は直方（旧筑前）で、田川（旧豊前）から来る英彦山川と合流する。この三角地帯が「筑豊」と呼ばれ、最盛時には一〇〇あまりのボタ山を数える石炭産地であった。

宮田町を流れる犬鳴川は遠賀川の支流である。この川の真っ黒な水は、上流に炭鉱があることを示していた。宮田町は貝島炭鉱の町であった。私たちの住む北部の国道沿いは旧来の農村である。鉄道線路は後に南側の炭鉱地帯に引かれた。農村の人々は農閑期に炭鉱にアルバイトに行く。（ダイナ）マイトの数本が珍しくないのはそのためである。違法だが、それは川で魚取りに使われた。

戦時生活の原始性の程度は、今では信じ難い。市町村はサービスに関わらず、貨幣経済発達以前のようだった。家々に引き込まれているのは電線だけ。ガス、水道、電話はない。ごみ、し尿《にょう》、下水処理は自前。食糧は自給自足。調味料、酒煙草は配給である。

大半の主婦業は私がこなした。下校すると、まず鶏を運動に出し、山に薪を拾いに行く。下の従兄林央《なかば》が、兵隊に行く前に薪小屋一杯に割ってくれた薪は、とうに使い果たした。大きな木は斧で割り、長いのは鋸《のこぎり》で挽《ひ》く。二時間焚くにはかなりの燃料が要った。

鶏を小屋に入れ、水と餌をやる。風呂に水を入れ、焚きつける。父がいた頃、ポンプでつく手動式の自家水道を作ったので、水運びはしなくてよい。ポンプのコックを閉め、二〇〇回くらいついて上のタンクに水を揚げる。台所と洗面所にも水が出た。

炊事にかかる。外で七輪に火を起こし、豆炭《まめたん》（無煙炭の粉を直径三センチくらいの楕円形に固めた燃料）に燃えつくと、台所に持ち込んでご飯の厚鍋をかける。水加減は朝、母がして行った。沸騰すると七輪の戸を閉め、水が引くと下ろしてヤカンをかける。そのうちに「ただいまー、今日は鯖《さば》が安かったよ」などと、母が威勢よく帰って来るのだった。

畑を耕し、種を蒔《ま》いた。アスパラガスやさつま芋を収穫した。石臼でゴーチン米（沈没船から引き揚げた米。何度洗っても油臭かった）を粉に挽《ひ》き、だんご汁にした。

防空壕掘りには苦労した。どうしてもまっすぐ掘れず、だんだん底面積が狭くなる。靴の中に泥が入るのでハダシになると、竹の根でザックリ足の裏を切った。

戦争末期には、ほとんど授業はなかった。農繁期には農家の手伝いに行く。麦刈り、芋掘り、苗取り、田植え。夏や冬には六ヶ《むつが》岳《たけ》から薪や坑木を運び出した。小川の前後に粘土質の滑らかな坂がある。全員が通る頃には滑り台のようになり、担いだまま転ぶと手をつくことができず危ないので、必死にハダシの足指に力をこめた。

僅かな労力である。四年生以上三〇〇人を総動員しても、トラック一杯になったかどうか。でも末端に使える労力は子供しかなかった。薪一束を担ぎ、半日に三回往復した。

兄の友人は、全員兵隊か徴用工になっていた。学校も、校長と教頭以外は全員女の先生である。若い男で兵隊に行かずブラブラしているのは、結核療養中ときまっていた。

ボーイングB29重爆撃機は、全長三〇メートル、全幅四三メートル、一見して翼の長さが印象に残る四発の爆撃機で、ウォーンと唸《うな》るような独特の爆音を立てた。巨大なエンジンは一個で日本戦闘機一機の出力に相当した。補助タンクをつけると十五時間の飛行が可能で、マリアナ諸島のサイパン、テニアン、グアムから、ほぼ日本全土をカバーした。爆弾を六トン積むと離陸時の全重量は六〇トン、サイパンから日本本土を往復するのにドラム缶一三五本分の燃料を費やした。それが空一杯に連なって来た。

四月から沖縄戦が始まり、息づまる気配があった。六月末に終わり、息苦しい感じとなった。夜中に警報が出て防空壕に入る。枕元の防空頭巾を被《かぶ》り、ランドセルを背負い、縁側に揃えた運動靴を履いて壕に走る。母が畳半帖の戸で入口を塞ぐ。ここまで一分とかからない。朝、懸命に気を張って下級生を迎えに行く。登校中につまずいて目を覚ますことがある。栄養失調の気味もあった。学校で警報が出ると家に帰り、解除で再登校する。遠くの子は来ないから授業にならない。学力はどんどん落ちた。

女の子の服装は、胸当てつきのモンペで、胸には布の名札を縫いつけた。住所・氏名・年齢・保護者名・血液型。……誰であったかが分かるように。その上に二〇センチくらい綿の入った防空頭巾と水筒の紐を十文字にかけた。脇腹のアセモは治る暇がない。

空襲警報が出ると集団下校である。舗装道路ではなく、田の畦道を走った。たえず空を見廻し、敵機とみれば皆を散開させる。十数える間、外側に全力疾走してから指で耳と目を押さえて地面に突っ伏す。「強く押さえないと眼球が飛び出す」といわれた。

一度、下校中に緊急事態になった。一年生に少しのんびりした子がいた。練習の時はできたのだが、不意に「散開」になるとわれを失い、立ち竦《すく》んだあげく割れるような大声で泣き出したのである。他の子もいざとなると恐怖が先立って、広く散開できなかった。「十数える間、できるだけ他人と離れるように全力疾走する」のは、その頃の子には無理な注文だった。当時はどこも子沢山で、いとこが一〇人、二〇人いた。個室の勉強部屋を持つ子などいない。寝る間も誰かと一緒で、「群れていれば安全」と思い込んでいる。

この時は幸い、被害がなかった。黒い影は子供の群れには目もくれず南に向かっていた。

単機であった。

私たちの学校にも軍隊がいた。兵隊さんたちは、兄よりは父の年に近かった。便所の汚れがひどかった。毎日、職員室に新聞を貰《もら》いに行く。「まだ読んでない」と断わられることもあった。

集団下痢は高粱《こうりゃん》（中国産のモロコシの一種。赤い小さな粒）のせいかも知れない。陸軍兵の弁当は高粱飯で、色は小豆飯のようにきれいだが、ボロボロしてまずく、消化しなかった。男子は便所掃除をしない。理由は「兵隊になるのだから」とのこと。

宮田北国民学校には二年の高等科があった。農村だから農業科で、広い実習畑があった。上級生は動員されて学校には来ず、野菜の世話は私たちに押しつけられた。肥上げもついてきた。二人一組で、桶に半分くらいの臭い水をやっと担ぎ、広い運動場を横切って畑に運ぶ。男子はこんな仕事はしない。

軍隊は六ヶ岳の中腹に陣地を掘っていた。隣組に何度か強制的に手伝いの割り当てが来て、私が代わりに引いた籤《くじ》が当たってしまった。五十を過ぎた母は、更年期障害か、家の前の坂を登るとき、「動悸がする」と胸を押さえて立ち止まることが多かったが、どんな仕事でも強制労働の方に優先権があった。仕事は塹壕《ざんごう》の土を片付けるためのトロッコ押しで、肉体労働に慣れない母の手には負えなかった。

母は山の中で、中年の兵隊の内輪話を聞いた。

「何年か経ってここに来る人は、『昔、このあたりに日本ちゅう国があったそうな』という話をするじゃろうな……」

人々はひとごとのように囁《ささや》きあった。誰も「最後の勝利」を信じていなかった。

「アメ公は来月、鹿児島に上陸するそうな」

「ここまで一週間で来るちゅうぞ」

「そらちょっと速うないか?」

「同じこっちゃ。鹿児島から来んやったら博多から来る」

これらは、次兄泉が母から聞いた話である。

次兄宛ての母の手紙にも、信じられないような話が次々に出てくる。

「北九州は四月以来、一〇〇〇機の空襲あるものと準備しています。各戸で食糧の分散貯蔵を考えています。壕ができて何より心丈夫です。どの家にも戦災者が入って隣組は倍の世帯数になりました」「直方も焼かれるというので、リヤカーで避難する人の列が続いています。昨日も荷車に子供を乗せた人が、『稲屋の隅にでも……』と頼みにきました。稲屋は軍の倉庫にと頼まれています。前の井戸の釣瓶と綱を新しくしました。蔵の迷彩用の塗料を探しています」「本土決戦とて戦車がそこらを走り、本城の竜泉寺の表に二台います。軍用トラックは夜中に坂を軋《きし》っています。小学校は分散授業の練習です」

六月に長兄純一の遺骨が還り、町葬が終わって埋葬が許されたのは七月であった。すでに列車や駅が爆撃を受け、丸一日の汽車旅は危険であった。

その中をかいくぐって次兄泉が帰ってきた。三日の休暇で、往復に二日かかるから翌日は発《た》たねばならない。埋葬を済ますと、彼は柿の苗を探して来て山際に植えた。形見のつもりであった。出発の朝、母子は冗談のように笑いながら話していた。

「九州が先に決まっとる。沖縄の隣じゃ」

「奴ら、台湾とばして沖縄に来ただろ？　関東だよ。九十九里浜から一気に東京だ」

「遠浅じゃろう？　軍艦は接岸できんじゃろうが」

「そりゃ時代遅れだ。上陸用舟艇だよ。輸送船からスーッと幾つも出てくる。遠浅の広い海岸が絶好なんだ。何百と来る」

ゲートルを巻き軍用リュックを背負った兄は、なかなか立たなかった。「泉さん」母が呼んだ。「汽車には余裕持って行かんと」兄が笑った。「汽車が早う来ることある？」

数日後、八月二日の夕方であった。肩を落として帰った母は、着替えもせず座り込んだ。「行かせにゃよかったなぁ……」私は驚いた。（行かせないことができたのだろうか）

昨夜、大島見張所から「敵船団北上」の誤報が出た。母は米軍が先に関東に来ることもあると知ったとき、次兄を手放したことを後悔したのである。母は一度は次兄を止めることを考えた。それは不遜な考えであったが、全滅すれば問題にならないことであった。

八月二日は彼の誕生日で、いつもなら、テーブル一杯にご馳走が並んだものである。

2　誰も来なかった誕生日

一九四五年（昭和二十年）八月八日、十二歳の誕生日がきた。その日も暑く、よく晴れた日だった。私たち宮田北国民学校六年二組の女生徒三十数人は、学校にランドセルを置いて松根油とりの道具だけを持ち、防空頭巾と水筒を肩にかけ、弁当を持って出発した。ハダシは、九州の子だけの試練であったらしい。十二歳上の従兄林茂保が、幼い私がオウムのようにいった言葉を覚えていて、後にからかいの種にした。ハダシ生活の目的は「大きくなって丈夫な兵隊さんや丈夫なお母さんになるため」であったという。

当時私たちは、全国が同じ状態だと信じていた。足の裏は革のように堅くなった。後に大学で、うっかりハダシ通学を口にすると、未開人に対するような蔑《さげす》みの目で見られた。どうも中央は辺境を差別するようである。

六日、広島に「新型爆弾」が落とされた。翌日、朝礼で「白い長袖を着るように」注意された。しかし、時は目も眩《くら》む九州の八月である。長袖を着てきた子は何人いたろうか。私も長袖を着なかった。田圃ばかりの田舎町に軍事目標などあるわけがない。まして、これから山の中に行くのである。大人の口癖は、「こげな田舎に爆弾やら落とすバカがおるか」というものであったし、子供の考えは大人のそれを反映するものであった。

目的地は宮田町百合野の、鞍手農学校（現在の農業高校）の東の赤松林であった。国道は補修中で、攪拌機が黒煙と臭気を撒《ま》き散らしていた。熱いコールタールで細かい砕石を練ったペーストが、道路にあいた無数の穴に流し込まれて行く。ペーストは高温で、裸足の指先が触れると、たちまち火傷して白くなった。私たちは、咳きこみ、涙を流しながら跳んで歩いた。

日本中が本土決戦のための土木工事に狂奔していた。戦車や軍用トラックの重量に耐えられる橋や道路はほとんどなかった。

百合野は宮田町の東端で、池の向こうは直方市である。直方駅までは三キロ、直方から八幡は筑豊本線で二二キロ。小倉は鹿児島本線でさらに四駅東へ一〇キロあまり。八幡は煙突の乱立する雑然とした印象の町で、いつも空を黒煙が覆っていた。住民は「冬、雪が積もらない」ことを誇りにした。小倉はビルの多い、ずっと都会的な町で、洋画の封切り館があった。汽車でも二時間近くかかり、直方からの通勤圏ではなかった。

一年ほど前から私たちには担任がいなかった。授業はもっぱら河村校長か上田教頭から受けた。八日と九日の引率も上田教頭であった。教頭は色が黒く、小柄で敏捷だった。

現場は、付近では珍しい赤松の山であった。一部が伐採されて空が見え、伐られた木は薪になってテーブル状に低く積まれていた。

誰かが「暑いね。脱ごうや」と提案し、数人がワンピースなどを脱いで薪のテーブルの上に丁寧に広げた。一、二枚しかない大切な服である。誰もキャラコのスリップ姿を気にしなかった。

まもなく警戒警報のサイレンが鳴った。気にしなかった。B29は通り過ぎるものである。空襲警報になった。自動的に背負っていた防空頭巾を被った。たちまち汗がどっと出る。松の皮は厚く、削るのは子供の力に余る。もともと、古包丁程度の道具では無理な作業である。一心に、コツコツと削る。と、遠くの空に乾いた爆発音が起こり、すぐ近くで同じ音が弾《はじ》けた。音が入り乱れた。高射砲のようだ。

直方の多賀神社の境内と鞍手中学の向かいの山に高射砲陣地ができていた。「敵機接近」の情報によって照準合わせの試射が始まったのである。兄や姉の多い子は、誰かが必ず秘密工場や軍隊に勤めていて、内部情報に通じていた。一人が「あれは多賀様」「今度は鞍中」と音を聞き分けた。いつのまにか、私たちは戦闘のただ中にいた。

空一面にサメの群のようなものが浮かんでいる。下腹を見せて悠々と通り過ぎる。何だろう……。

B29の大群はそんな感じだった。一群が通り過ぎると、少し間を置いて違う方向から空一杯に現われた。教頭先生の「伏せ」という命令が伝えられたが、手遅れだった。私はそれが「敵機」だとはまだ信じられず、ポカンと見ていた。この頃、空襲は夜間ばかりで、福岡が焼けたのも六月十九日の夜半だった。昼間の大編隊など見たこともない。

突然、逆方向から、一機が山の端に引っ掛かりそうな低空であっというまに通りすぎ、赤松林に何かがバラバラと降った。薪のテーブルから煙が立ち昇った。しかし、火は燃え広がらず、やがて消えた。

小柄な奈木野ヨシ子は、しゃがみ込んだ木の陰から、五〇センチ前に拳ほどのものが二つ落ち、シューッと発火したのを見た後、記憶を失った。気がつくと農学校のトンネルに入っていた。

私たちは、近くの農家の壕に入れてもらった。しばらく地響きがした。目の高さに隙間があり、周囲が見えた。久場サツキは、教頭先生がその隙間にレンズをかざして煙草に火をつけるのを見ていた。マッチは配給で、煙草を吸う人がいればとても足りなかった。

突然、目の前の家に薄青い煙が立ち昇り、見る間に燃え上がった。田野みよ子の家である。みよ子は泣き出したが、どうすることもできなかった。

静かになった。出席が取られた。数人が行方不明である。教頭先生は外に出て行き、呼び声も聞こえなくなって長い時間が経った。やがて一人が泣き出し、それが次から次へと伝染した。いつか私も泣いていた。汗と泥と涙で顔はぐしゃぐしゃになり、袖でこすったので、翌日まで頬がヒリヒリした。

上田教頭は、農学校に情報を聞きに行ったが、空襲が終わったかどうかは分からなかった。B29群は、帰りにまた上空を通るかも知れない。学校への帰途が危ぶまれた。(二時間待とう)と教頭は決断した。

私たちは農学校の壕に移動した。壕は校舎より西側にあり、かなりの距離を引き返した。道傍《みちばた》や草むらに、長い筒が突き刺さり、転がっている。初めて見るが、(爆弾ではない、焼夷弾だ）と思った。構わず跨《また》ぎ、跳び越えて走った。

思いがけず、農学校の運動場の隅に、立派なトンネル壕があった。奥に奥にと入ってゆくと、行方不明の数人が縮こまっていた。たちまち親しい同士が雀のようにしゃべくり合う。ひとり、大西清子が変だった。にこにこしてはいるが、受け答えが噛み合わない。しばらくして誰かが私の名を呼ぶと、清子が「ミヤコチャンヤッタ」とつぶやいた。名を忘れていたらしい。「記憶喪失」という病気は知らなかったので、彼女は「気が狂った（精神錯乱）」らしいと思った。頬の赤い清子は健康そのものに見えたのだが。

警報解除は三時であった。長い一日、私たちは同じことを考えていた。

「こんな山の中まで空襲されたのだから、町も学校も全滅したに違いない」

「学校に置いてきた教科書はどうなったろう……」

教科書を全部入れたランドセルを背負って逃げるのが子供の義務であった。それで精一杯で、（もし焼け出されたら）とは考えなかった。我ながら愛想の尽きる幼さである。それは「田舎に空襲はない」と信じていた故でもあろう。

田村キミエはその朝、乾パンの配給があったという。ワラ半紙にくるんだ乾パンを貰ったことは覚えているが、いつであったかははっきりしない。ご褒美《ほうび》のニュアンスがあった。それを昼食代わりにしたのではないかと思う。空腹は忘れていた。

外に出たのは夕方だった。向かいの山の木々にこんもり銀色のテープがかかり、夕陽に輝いていた。美しいものを見なくなって久しかった。思わず上がった喚声を、「敵機が撒《ま》いたと」「電波ば妨害すると」とすかさず情報通が押さえた。

もとの場所の様子が変わっていた。綱分《つなわき》美代子の弁当箱は、クシャクシャに変質し、ご飯は片隅に寄って、五センチ角の黒い「おこし」になっていた。久場サツキの水筒は、煤《すす》けた黒いガラスと化し、紐はなかった。広げておいた衣類は……消えた。

近所の人は、B29群が百合野の山に近づいたのを見ており、そこに私たちがいたと聞いて驚いた。町並みも川も、朝のままの顔でそこにあった。私たちだけが疲れ果て、泣き顔に目は赤く、足は泥だらけ、下着姿もいてまるで難民である。最初に会った女教師が「今まで何しとったん?」と不審げに私たちを見回した。先生方は空襲を信じなかった。「おこし」と水筒を見せ、教頭が保証して私たちの話はやっと信用された。早川恵美子は、女教師の体操服を貰い、着て帰った。後に町から最高額二円の見舞金が出た。

田野みよ子の家の近くでは、理髪店など五軒が焼け、交番の屋根に焦げ跡が残った。宮田町で空襲被害にあったのは、この数軒だけである。

空襲被害は突然、壊滅的に来る。財産のすべてを失い、着替え一枚さえ、その日寝るところさえ残らない。みよ子は翌日、親戚に身を寄せ、家族は離散した。彼女は十二年間の周囲との繋《つな》がりをすべて失い、気の毒なことには、そのことを皆から忘れられたのである。

母は、約束通り早く帰って御馳走を作ってくれた。でも、友人は一人も来なかった。山が音を閉じ込めたらしく、隣の家族も、一キロ先の被害を知らなかった。

金田慶子と木村妙子は、B29が空を覆ったとき、山の上の方にいた。私たちのように山の下の壕に入らず、山の向こう側に降りて大群の下を逆行することになった。用務員室に転げ込むと追い出され、泣きながら土管に這い込もうとすると、そこには先客がいた。

それぞれが家に帰ると、一日のできごとを話すのに何時間もかかり、他人の誕生日どころではない。家族はびっくりして引き止め、詳しい話を聞こうとする。思い出すと感情がたかぶり、あらためて皆、長いあいだ泣いた。

奈木野ヨシ子の弁当は袋ごと消えた。六時間ぶりに現場に戻ると、厚鎌は置いた場所にあったが、弁当はなかった。母が苦労してとり揃えたお菜が入っていた。中味も惜しかったが、アルマイトの弁当箱は、どこにも売っていなかった。家に帰ると、申し訳ない気持ちがつのり、母にしがみついてしばらく泣いた。

竹の手口のついた袋はヨシ子の作品であった。バラの刺繡もよくできたと気にいっていた。ヨシ子はずっと実家に住んだので、父が買ってくれた小さな厚鎌を、最近まで大事に使っていた。「床の下かどっかにあるやろ」というのが彼女の最後の言葉だった。

綱分美代子は、八幡に住む叔父夫婦と幼い三人のいとこを失った。学校に行っていた上の二人だけが助かったという。他にもそのような例は多かったことだろう。

こんないきさつで、私の最初で最後の誕生会は夢と消えた。その悔しい気分にとどめを刺したのは、隣の隆夫である。こともあろうに、六年一組の男子は百合野に行かず、早く帰って昼寝していた。「空襲があったん?」と彼は寝ぼけ眼《まなこ》でいったのだ。

なぜ百合野の山が爆撃されたのだろう。誰もが不思議に思った。私の鶏を襲うのはこの山のイタチで、キツネもタヌキもいるという。雑木と竹だらけの下らない山である。夕方には、「農学校の校舎を兵舎と間違えた」「温室のガラスがピカッと光ったのが銃口にみえた」などの諸説が流れてきた。雲の上の敵の考えが分かるはずがない。郷土の人々は、博多にわかの教養を誇り、何でも笑い話の種にするのである。

私は、彼らの航路が気になった。サイパンから八幡に直行すれば頭上を通るはずがない。なぜ遠廻りしたのだろう。何百機が遠廻りすれば、凄い量の燃料の無駄遣いになる。アメリカでは石油が採れるとしても、そんな無駄遣いをするだろうか？

子供にはでき過ぎた話と、今日では信用されないかも知れない。しかし、当時は子供でも、戦艦「大和」や特攻機が、片道燃料で出撃したことを知っていた。私たちのその日の山行きも、松ヤニから代用ガソリンを作るプロジェクトの一環だったのである。

一九四二年（昭和十七年）、海軍燃料廠は、松の下枝から代用ガソリンを造る実験に成功したが、コスト高のため実用化は見送られた。当時は占領地からの原油が豊富であった。二年後、事情が変わった。松根ガソリン計画が発足した（『歴史と人物』・中央公論・一九八〇年八月号）。青年団や主婦の勤労奉仕で、野山に残る松の根が掘り起こされた。俗説では「二〇〇〇本の松の油で飛行機が三分間飛ぶ」と囁《ささや》かれた。それでは足りない。生きた松の幹から油を採るのが小学生の仕事になった。樹皮を削ぎ、中の白い材に下向きの矢羽根の形の刻み目を入れ、滲み出る透明な油を受け皿に集める。庭の松にも山の松にも、一節《ふし》の竹がぶら下がった。芳香のある白い塊を毎週、学校に持ち寄る。燃料節約が叫ばれた。自動車も冷暖房もなく、炊事や風呂にもガスや電気を使わない生活である。家庭での節約法は早寝以外になかった。バスは薪を焚き、間引き運転をしていた。

当時、私たちの世界は広かった。北九州さえ二時間かかる。まして長崎は七時間、今日、新幹線「ひかり」が東京から博多に行くより長時間かかった。佐世保にいた長兄に面会に行ったことがある。駅まで歩いて六時の始発に乗り、着いたのはお昼すぎであった。

しかし、上空から鳥の目で見ると世界は縮まる。長崎原爆機の飛行士は、「小倉から山を越えると長崎」といった。実際、原爆機は、小倉から十数分で長崎に着いた。今の若者は、日本を、地図帳に載っているままの小さな島国と受け取っているのだろう。

3　成都からの空襲——往復五〇〇〇キロの渡洋爆撃

その日、重慶（蔣介石が根拠地とした町）では祝いの爆竹が盛大に鳴り響いたという。一九四四年（昭和十九年）六月十五日、中国成都から発進したB29四七機が、日本空襲に成功した。ワシントンでも、開会中の議会は議事を中断し、全員が立ち上がって拍手したという。両国にとって、これは長い苦労が報いられた画期的な瞬間であった。反撃開始宣言である。

爆撃されたのは長崎県の大村飛行場、福岡県の八幡製鉄所、小倉造兵廠であった。超重爆撃機は日本軍占領下の中国大陸の、ずっと奥地から飛び立ち、東シナ海を越えた。同時に米軍は東京の南のサイパンに強行上陸した。東京から一二五〇キロのサイパンを奪えば日本全土が爆撃できる。全国の焦土化を予告し、反戦気分を煽《あお》る意図であった。

米国は、半年後には捨てるのに中国奥地に五つの飛行場を造り、ヒマラヤ越えで機体とガソリンを運ぶという、莫大な出費と犠牲の多い方法を強行した。蔣の抗日戦支援のためである。その最初の爆撃目標は、大村、八幡、小倉であった。

父の日記に、一九四〇年（昭和十五年）の防空演習の記録がある。火叩きや鳶口《とびぐち》の使い方、バケツリレー、高所への注水などのメニューで、茶菓子代が支給されている。同じ年に小学校に入学した私たちは、校舎への注水を伴う避難訓練を経験した。火事さえ知らない田舎の一年生に、「クーシュー」の意味が分かるはずがない。

しかし、九州では、もっと以前から「空襲」は予期されていた。一九三六年（昭和十一年）十一月、九州と中国の一部に本物の警戒警報が発令された。大陸で両国機が交戦中であった。一九三七年（昭和十二年）四月に「防空法」が制定され、各地で防空訓練が始まった。昼の合図以外のサイレンが禁止され、お寺の時鐘も取り止められた。防護団と消防団を統合して警防団ができ、隣組の訓練の指揮をとった。

一九四二年（昭和十七年）のドゥーリトル空襲（後述）は全国に訓練の必要性を実感さ

せ、翌年からバケツリレーが隣組の毎月の行事になった。窓には黒いカーテンをかけ、雨戸を閉め切る。十時以後は布で電灯を覆い、警報とともにスイッチを捻《ひね》る。夏も冬も。「一筋の光でも上空の飛行機からは見える」ことを示すポスターがあった。

小倉陸軍造兵廠は、現在の日豊線西小倉駅と南小倉駅の間に位置した陸軍の兵器工場で、面積は七二万平米、その中に大小二八〇棟の木造工場があった。製造物は車両、軽戦車、革具、鋳鋼、小銃、機関銃、機関砲、航空機関砲、小銃、航空・高射機関砲、弾丸、昭和刀などで、その他、五〇〇名の女学生が風船爆弾造りに動員されていた。

長崎には、中国への爆撃機を造った大村海軍航空廠と、発進した大村海軍航空隊基地と飛行場、真珠湾攻撃のために浅深度魚雷を造った海軍工廠があった。大村海軍航空廠の死者は二〇〇人から三〇〇人と噂されたが、新聞発表はなかった。

当時の一〇〇万都市は東京、大阪、名古屋で、八幡と長崎の人口は二五万前後であった。八幡が初空襲の目標になったのは、その位置と鉄の重要度のために他ならない。B29でも、広大な中国と東シナ海を越えて往復できるのは、九州北部と山口県の一部に限られた。

日本製鉄八幡工場、通称八幡製鉄の銑鉄生産量は、全国生産量の約三分の一を占めた。その広大さを表わすには、職工の乗降駅が、鹿児島本線の黒崎・八幡・戸畑・枝光の四つにわたる、ということで十分であろう。隣の町、小倉の陸軍造兵廠は、この鉄板を材料に各種の陸軍兵器を造っていた。

一九四四年（昭和十九年）春、「B29、中国奥地に集合」という情報に関係者の緊張が高まった。目標は八幡に違いない。夜空に赤く映える溶鉱炉は、隠せない目印である。火が落とせない故の三交代二十四時間制である。拘束九時間実働八時間で、五日間同じ番を続け、二日休み、番を代わった。

軍は山口県小月《おづき》に護衛戦闘機の基地を造った。B29の装甲が特殊鋼であり、ガソリンタンクには特殊加工が施され、撃墜が困難だと噂されていた。配備された二式複座戦闘機「屠龍」は三七ミリ機関砲を持ち、唯一B29に対抗できる機種とされた。

製鉄所は「上空を真っ暗にすること」で不可能を可能にした。スモッグも味方して、初回出撃したB29は、一五機しか目視爆撃ができず、高高度精密爆撃は失敗した。しかし、八月二十日には白昼攻撃が行なわれ、工場構内に二二六発の二五〇キロ爆弾が命中した。発電機三個が破壊され、二日間操業が停止した。夜になってから二度目の空襲があり、人々は避難に疲れ、防備隊と航空部隊は対応に追われた。

一九四四年（昭和十九年）十一月、サイパンからの空襲開始後も八幡は主要目標の一つであったが、京浜、阪神に目標が絞り直された際に二次目標となり、その後約一年間空襲を受けなかった。

八幡市街が二四五機の大編隊に襲われ、白昼三十五分間で焼尽したのは、広島原爆の後の一九四五年（昭和二十年）八月八日午前である。終戦決定はその二日後であった。東京の人は空襲が三月十日から始まったと思っているが、九州北部は前年六月からB29の翼の下にあった。

全国の被災市町村は二一五にのぼる。敗戦後六十年を経た今日では、マスコミが空襲被害都市として例年話題にするのは広島・長崎・東京だけになった。三十五分間の空爆による被害者二五〇〇は、普通爆弾としては例のない密度であるが、広島と長崎の原爆被害「十数万から二〇万」の前には、歳月とともに影が薄れた。


わが家では六月十五日から縁側に近い神棚の部屋を寝室にした。初めて深夜の闇をみた。草むらに蛇がいそうだったが、懐中電灯もつけず壕まで走るのを、怖いなどといってはいられなかった。

床の中から見た頭上の母の映像が記憶に残る。縁側にいる小柄な母の輪郭が、薄闇に黒く浮き上がり、「早ぅ早ぅ！」と私を急《せ》き立てている。フッと声が遠ざかり、次に気づいたとき、腕を摑んで引き立たされていた。次兄への手紙によると、「警報解除で片づけをして帰ると、また警報が出た」のである。そういえば二度警報が出た夜があった。

いつのことか全くあてはなかった。しかし、記録を見るうちに思い出した。夜中すぎに避難したことはあまりない。解除の十五分後にまた長い警報が出たのは一度だけだった。八月八日の百合野空襲の夜である。心身ともに疲れていたに違いない。ふり返ると、それは長崎原爆の前夜であった。

広島市長浜井信三の「原爆十話」（『毎日新聞』一九六五年四月十七日～）第一回に、「五

日二一時空襲警報、二三時過ぎ解除、二四時に再び空襲警報、翌六日二時解除」というところがある。そっくりだ。二度の警報は、原爆前夜の攻撃のパターンであった。作戦上、目標都市の市民を眠らせないことが重要だったのだ。理由ははっきりしないけれども。翌朝、また空襲警報が出て登校が遅れた。坂を登るとき、胸が苦しかった。

4　空は晴れていた

太陽は高く昇り、空は鋼のように澄んでいた。八月九日、午前八時四十五分すぎである。六年生の私は、表の道に出るとすぐ百合野の方をふり返った。昨日の空襲で、同じクラスの女の子の一人が家を焼かれ、一人は気が変になった。二人は来るだろうか、治ったろうか。あと五分待とう……。

この日ほど頻繁に後ろをふり返ったことはない。二人の通学グループが来ないので、下級生の二列縦隊を先に行かせて橋のたもとに残った。

毎月八日は、戦争の始まった十二月八日を記念して神社に集まり必勝祈願をした。昨日がその日で、いつもより三十分早かった。今日は朝から空襲警報が出て、登校が三十分遅れた。太陽は驚くほど高く昇り、直方の方をふり返ると、道の真うしろに福知山が見え、その向こうの空も、少し白っぽくみえたが晴れていた。北九州との境のこの山は真東に当たり、その向こうは小倉南部である。

(何という青い空だろう。こんな美しい空は見たことがない……)

なぜだか、そのときは分からなかった。その後もずっと分からなかった。

この日の作業は、学校の防空壕のための坑木運びであった。五、六年の男女二〇〇名ちかい一団で、昨日とは反対に西へ向かった。宮田町を過ぎ、川沿いに千石峡に向かう。学校を出てから小一時間も過ぎた頃、急に近くの工場のサイレンがうなり始めた。警戒警報である。

従来、警戒警報は三分間吹鳴《すいめい》で、空襲警報は八秒おきに四秒、断続的に一〇回くり返した。合計五分間である。この頃では警戒警報は、一瞬もおかず空襲警報に引き継がれることが多くなった。時速六〇〇キロのB29は、その間に三〇キロ近づくのである。「三分十回」の警報が「一分五回」になった。小使のおばさんが、「一かーい、二かーい」と数えながらサイレンを鳴らした。ラジオのない家もあり、学校は地域の情報伝達所であった。

サイパン、硫黄島を失い、本土から最も遠い基地が八丈島になった。通過後三十分で東京に来る。戦闘機は、警報を聞いてから発進したのでは間に合わないが、常時パトロールする余裕はない。戦争末期には、着弾音に重なって警戒警報が鳴り始めたり、いきなり空襲警報が出たりした。力尽きたことを全国民が知っていた。

沖縄は九州の隣である。六月末、沖縄守備隊が全滅すると、敵機は朝、昼、晩、夜中と、いつでも来るようになった。マリアナ、機動部隊、沖縄と基地は三つあった。昼間学校を銃撃するのは鹿児島沖の空母から来る小型の艦載機で、小廻りがきき、すぐ引き返してくるので危険だった。下校中の子供も、農作業中の母親も機銃掃射された。警報発令中は、草取りも風呂焚きもできなくなった。沖縄からはＢ29もＢ24も来た。

八月九日十時、陽炎《かげろう》の立つ田舎道に空襲警報のサイレンが鳴り渡ったとき、ラジオは「敵大型機二機国東《くにさき》半島を北上中。小倉に向かうとみられる」と告げたという。当時は携帯ラジオもなく、移動中にニュースを知る方法はなかった。田の周囲には木影もない。川は深く、橋の下しか隠れ場所はないが、橋はめったにない。男子が一〇〇人もいるから女子に希望はなかった。

さすがの田舎者も、昨日の経験で「田舎にも爆弾が落ちることがある」と知った。殿《しんがり》にいる上田教頭の顔を窺《うかが》ったが、退避命令は出なかった。

口数の少ない教頭先生が、突然、真剣な調子で話し始めた。

「敵機が来ても望みを捨てるな。一本の電信柱を盾に、ぐるぐる回って助かった人もおる。あきらめるな」

昨日、上田教頭は肝を冷やしたはずである。とはいえ、一日中退避していたら埒ができない。下級生のためにも、早く坑木を学校に持ち帰らなければならなかった。

私たちは目で逃げ場所を探しながら、身を堅くして歩き続けた。田圃《たんぼ》道が続く。

突然、前を行く男子の列が止まった。一斉に左の空を見ている。一人が指さしながら走り戻って上田教頭に教えた。上空に小さな飛行機が見え、一～二秒でうす黒い雲に隠れ、後から爆音がきれぎれに二〜三度聞こえた。

（西から雲が出てきた）と気づいた。（さっきまであんなに晴れていたのに……）

昨日の経験から、敵機は西から来るという思いこみがあった。ところがその一機は東から、私たちと平行に飛んでいた。昨日のように幾編隊もの大きな飛行機ではなく、一機だけ、昨日のものの三分の一の大きさである。異例の高度であった。

小さな機影は玩具のようで、いつもの獰猛《どうもう》な感じがなく、可愛らしくさえ見えた。南に帰るところかと思われた。ところが、数秒おいて「引き返しよる！」と男子が叫んだ。爆音はきれぎれに雲の上を近づき、頭上を通り過ぎた。何事もなかった。

それだけだった。杉山に着き、二人一組で杉丸太を担ぎ、六キロを歩いて帰った。休むと重くなって、持ち上げるのがだんだん難しくなる。よく帰り着いたものである。骨がきしんで何日か起きるのが辛かった。ラジオが故障していたので、長崎の話は聞かなかった。

当日、小倉の造兵廠と門鉄小倉工機部には、約二万人の学生や臨時工がいたという。彼らは雲の上を行ったり来たりするＢ29の爆音を、不審に思いながら聞いていた（『原爆小倉↓長崎』北九州勤労学徒・工場ＯＢ・市民の会・一九九五年）。

……爆撃機ならもっと多いはず。偵察機にしては長時間すぎる。何だろう？

……雲で機体が見えないから写真は撮《と》れない。爆撃も撮影もしないのに何のために？

学生たちは知識もあり、理づめであった。いつか爆音がとぎれたと思ううちに、ラジオが長崎原爆を伝えた。あの一機がそれであったことは疑いない。何らかの理由で小倉爆撃を断念した原爆搭載機が、十分あまり後、二発目の原爆を長崎に投下した、と理解した。

小倉にいた学生の一人は退避もせず、空き地に寝そべって爆音を聞いていた。ニュースを聞いた時、経緯を察するとともに「横たわる自分の骨」を想像し、何ともいえない虚無感に襲われたという。

当時の新聞記事は大体、二日遅れである。八日の新聞のトップ記事はまだ「広島」報道。「広島へ敵新型爆弾」「B29少数機で来襲攻撃」は四段抜き。「相当の被害、詳細は目下調査中」「落下傘つき空中で破裂」「人道を無視する残虐な新爆弾」

九日も話題は「広島」で、「敵の非人道、断固報復」「新型爆弾に対策を確立」と士気を鼓舞する言葉がつけ加えられた。「長崎」は三日後の十二日にやっと出たが、一面の下段に目立たない扱いで、「八月九日午前十一時頃、敵大型二機は長崎市に侵入し、新型爆弾らしきものを使用せり。詳細目下調査中なるも被害は僅少なる見込み」とだけ。長崎攻撃機がその前に小倉か八幡に来たという話はなかった。私たちの見た小さな飛行機がそれであったかどうか、という点になると、親も先生も答えにつまった。「小倉か長崎を爆撃せよ」というような選択的な命令は、日本人には考えられないことであった。

トルーマン大統領は、七日に「広島に投下されたものは原爆である」と放送し、イギリスのアトリー首相も同趣旨の発表をした。

「広島」直後、外務省と情報局は「特殊爆弾は原子爆弾」と発表しようとしたが、軍はそれを原爆と認めず、確認するまではと発表を禁じた。そこで新聞は、外電としてこの言葉を使って対抗した。

十二日に、「ストックホルム特電　原子爆弾国際管理か」という記事がある。すでに事態は戦後に向けて動いていた。十三日にも「原子爆弾　なぜ都市を狙う　欧州紙牧師非難」と外電を利用して「原爆報道」が行なわれた。

5　パラシュートは謎を解いた

敗戦の二週間後、何事もなかったように新学期が始まった。男の先生方が復員して来た。高等科の生徒も学校に戻り、私たち六年女子は、最上級生の責任から解放された。当分の勉強は教科書の墨塗りというばかげたものだった。何のことはない、消すところを三回読み返し、重点的に勉強したのである。

三日後、奉安殿を引き倒した。両陛下のお写真と勅語を納めた小さな白壁の建物である。高等科の男子が建物の柱に斧を打ち込み、その柱につけた綱を皆で引いた。なかなか倒れない。背の高い田中先生が一人席を外したが、他の先生は平然と見ていた。

二宮金次郎の銅像は供出され、陶器製のに代わっていた。これも台座から横倒しにされ、放置された。翌年三月の私たちの卒業写真には、金次郎像の一部が写っている。

数日後の昼休み、突然、聞き馴れたB29の爆音が数機、超低空でグワーッと校舎の屋根を掠《かす》めた。瞬間、全員が動けなくなった。六年二組の女生徒は混乱して顔を見合わせた。数秒後、外から歓声が聞こえた。思い切って飛び出すと、ハダシの全校生徒が運動場の端に集まっていた。高台の校庭からは、一キロ先の磯光《いそみつ》駅と、その向こうが見下ろせる。もう飛行機の姿はなく、上空に沢山のパラシュートがゆったり浮かんでいた。梱包された木箱を吊るしている。二十日前を考えると信じられない景色である。

爆撃でないことは分かった。しかし、あれは何だろう。誰が誰のために何を……？

高等科の生徒と先生が小声で話し合っている。やがてその男子は、私たちの方にまっすぐ来て、簡潔にいった。

「炭鉱の捕虜にさし入れじゃ」

こんがらがった長い糸がするすると解けた。

敵機がこの町を爆撃しなかった理由は、「田舎だから」ではなかった。私たちの町には炭鉱がある。爆撃する価値は十分あったのだ。

当時の動力源は石炭であった。溶鉱炉で鉄を溶かし、船や機関車を動かすのは石炭であった。炭鉱は戦争経済を支えていた。これは重要な標的であったに違いない。

坑道の入口の高い櫓《やぐら》は、格好の爆撃目標であった。爆弾一つで入坑中の数百人が殺せ、坑道は水没して半年や一年は操業できない。米軍がそれをしなかったのは、自国の捕虜が坑内で働いていたからである。人質は、存在を知られなければ役に立たない。米軍は彼らがそこにいることを知っていた。大人は、米軍が知っていることを知っていた……。

大人たちは、この町が空襲されないことを確信し、その根拠を知っていたが、それを子供にはいわなかった。近所の爺《じい》さんのニヤニヤ笑いの意味がやっと分かった。

「考えてみい。こげな田舎に爆弾やら落とすバカがどこにおるか……？」

そんなことだったのか。

パラシュートは私に、「真相は目の前にある。よく見れば見えていたはずだ」と厳しく告げた。「目を見開いて見えているものを見よ。そして記憶しておけ」と。

九日に、私たちが二発目の原爆の至近距離にいたと考える大人は周囲にいなかった。

6　原爆情報は凍結された

戦後の占領時代、原爆情報は発表を禁じられた。独立後の四半世紀も、米ソ冷戦のため、原爆情報は非公開であった。

しかし、秘密の一端が綻《ほころ》びたことがある。一九五四年（昭和二十九年）八月八日の『毎日新聞』が、長崎原爆の投下責任者、フレデリック・アシュワース海軍大佐の談話を載せた。『忘れ得ぬ長崎原爆行』『第一目標は小倉だった』

アシュワースは水上機母艦コーソン号の艦長になっていた。補給のためハワイに入港したのを、前歴を知る記者に摑まったのである。長崎と小倉の関係が明らかになった。

長崎攻撃機は、小倉上空を約四十五分旋回して雲の切れ目を探したが、不成功に終わった。旋回の理由は、「マーシャル参謀総長から、原爆は必ず肉眼で確認して投下するよう命令されていた」からである。しかし、「小倉上空は霧が深く、その上、前夜の八幡空襲の火災の煙で見えなかった」。

「霧」と「前夜の八幡空襲の煙」には疑問がある。しかし、爆撃しなかった理由が明らかになった。誕生日の新聞によって、私は毎年、何の苦もなく原爆情報を蓄積していった。

この年はまだ学生で、寮生活をしており、数種の新聞を読む機会があった。

その前年、岩立共同特派員は、ニューヨークから八月五日のニュースを送った。投下した側の反省である。「原爆使用止むなし」「あれから八年米国の考え方」「防衛は至上」。

米国の宗教界と知識階級は、原爆使用を「歴史上の汚点」と呼び、この日を日本国民への謝罪の日とする教会もある。原爆使用にあたり大統領と政府高官を悩ませたのは、原爆被害の非人道性と、原子力の解放によって人類の運命が彼らに委ねられるという重い責任感であった。それなのに結局、戦争の早期終結という眼前の利益が優先された。

「目的は手段を正当化するだろうか?」——この点がいまだに論争の種である、という記事である。

投下決定については軍人の中にも反対者がいた。アイゼンハワー欧州軍司令官、リーヒ提督、ストロース海軍長官顧問（のち原子力委員長）、アーノルド大将、マックロイ陸軍次官、バード海軍次官が意見を留保した。科学者の間にも、「兵器としての使用」には反対の人が少なくなかった。しかし、人類はタブーを犯した。引き返すのは不可能だ……。

これはアイク時代だからこそ書かれた記事であろう。一九六一年、アメリカは南北ベトナムの内戦に介入し、原爆使用に対する反省的論調は以後影をひそめる。

十一年後、私は社会人になっていた。広島攻撃機「エノラ・ゲイ」に搭乗したウイリアム・パースンズ海軍大佐の話が公開された（一九五六年六月『特集文藝春秋』）。「この爆撃行中、私は原爆計画最高責任者グローブス将軍の代表であり、爆撃指揮官でもあった。計画変更の権限があるが、戦術指揮官ではない。もし広島が見えないとき、レーダー爆撃か、他の日に変更するかは私の権限だ。機長ティベッツ大佐が、『あれが目標だと認めるか』と聞く。私は『認める』と答えた」

パースンズは、爆撃主任であり、目視確認係であった。彼には計画変更の権限があった。では、九日に同じ任務で長崎攻撃機に乗ったアシュワース海軍中佐は、視界不良の場合、レーダー爆撃を命じることができたのだ。背筋の寒くなるような発見であった。

長崎攻撃の当事者ではないティベッツは、「どういう訳か煙でよく見えなかった」と曖昧にいう。しかし、彼は目標を隠したものを「雲」とはいわなかった。

二つの原爆の写真が新聞に載ったのは一九六〇年（昭和三十五年）であった。息子の生まれた年である。日本人は、初めて二つの原爆が別の方式の起爆装置を使い、形も大きさも重さも違うこと、長崎型の方がサイズも威力も大きかったことを知った。

一九六四年（昭和三十九年）、朝日新聞が『マッカーサー回想記』を載せた。彼は原爆のことを直前まで知らなかった。したがって長崎爆撃についての見解も、熱のない傍観者のものである。

「第一目標に向かった機は、煤煙でぼんやりとしか見えない同市の上空を五十分ほど旋回した後、第二目標である長崎に飛んで爆弾を放した」

マッカーサー元帥の知名度は、アシュワースやパースンズとは格が違う。多くの日本人は、戦後二十年近くたってから、元帥の『回想記』によって原爆第二弾の第一目標が小倉であったことを知った。情報秘匿《ひとく》が戦後まで徹底していたこと、その開示が非常に緩やかに行なわれたことは、世界中に一瞬で情報が流れる今日、信じ難いものがある。

一九八一年（昭和五十六年）、国会図書館に『作戦任務報告書』が入った。後日、閲覧して八幡爆撃の資料「作戦任務第三一九号」は翻訳されていないこと、なぜか同日午後の、東京中島飛行機武蔵工場爆撃「同三二〇号」と一緒の報告書になっていることを知った。

一九八二年（昭和五十七年）、福岡行きの飛行機に乗った。高校卒業三十周年であった。着陸寸前の傾いた窓から、不意に細長い半島が見えた。「海の中道」である。地図でしか見たことのなかったものが、いきなり眼前に現われ、それが疑いようのない形をしていたことに驚いた。

三十七年前、米飛行士たちはこのように日本を見たのだ、と気づいた。彼らは「小倉は九州島北端の町」「そこから山を越えると長崎」といった。何と山ばかりの狭い国土であることか。子供のころの、蟻の目と徒歩の感覚では彼らの行動を理解できなかった。今なら可能かも知れない。そんな気がした。

日比谷図書館で、『原爆投下報告書』を見つけたのは一九九五年（平成七年）であったろうか。驚喜して何度か借り出した。返しにいったとき、続編『原爆投下の経緯』を見つけた。どちらも三〇〇頁をこえる。凄いことをする人がいるものだ、と感嘆した。

主として参考にした米軍資料は次の四冊である（引用文献はローマ数字で示した）。

Ⅰ『中小都市空襲』（奥住喜重、三省堂選書・一九八八年）
Ⅱ『米軍資料　原爆投下報告書』（奥住喜重・工藤洋三・桂哲男訳、東方出版・一九九一年）
Ⅲ『米軍資料　日本空襲の全容—マリアナ基地B29部隊』（小山仁示訳、東方出版・一九九五年）
Ⅳ『米軍資料　原爆投下の経緯』（奥住・工藤訳、東方出版・一九九九年）

五十五年前の小学生は、孫のある歳になっていた。歴史上の五十五年は、ものごとの評価が定まるのには短すぎる歳月である。しかし、一人の人間にとっては、ほとんど一生の時間に相当する。それほどの時を隔てても、謎は解明されていなかった。

報告書や付図によって、明らかになることもある。しかし、そうでないことも多い。

航路図（II）には不審がある。八月九日は低気圧のため硫黄島上空を避けたのに、この航路は硫黄島を通っている。これは戦闘記録ではなく予定図である（16頁参照）。

また、訳者奥住氏は、特殊爆撃任務No.16が広島、同No.13が長崎となっていたので取りかえた、と説明するが、それでも腑に落ちない点がある。九日の小倉（長崎）攻撃の空海救助図では、潜水艦一、救難用B29二、飛行艇一の組が二つ、南九州の宮崎側と鹿児島側にあり、もう一組、艦艇とPBYが屋久島付近にいる。これに反し、六日の広島行きに対する救難は、九州南部に潜水艦三、海軍飛行艇一がいるだけ。また、六日の空海救助図の注記は次の四項目で、九日のも3を除けば同じである。
1　潜水艦は作戦実行の間中待機。2　海軍PBYは帰投通過時間帯に待機。3　救難用B29二機は攻撃機に随伴。4　離着陸の時間帯には救助艇がテニアン周辺に待機。
救難用B29二機が攻撃機と行動をともにしていたという。そのため艦艇やPBY（海軍飛行艇。着水可能）の護衛は不要と考えられたのかも知れない。

しかし、大型のB29は戦闘機の代わりはできず、着水などの小廻りはきかない。ティベッツ大佐は、戦闘機の護衛を「特殊任務を広告する」「攻撃機が最も無力な、投下から脱出の瞬間に近づけないから無用」と反対した。彼は、第一弾は自分が投下すると決めていた。

ティベッツを失う危険は冒せない。原爆計画の総指揮官レスリー・グローブスが無理に護衛をつけたのかも知れない。

『戦史叢書』の採った広島の高射砲陣地からの目撃証言では、「三機のうち一機が爆撃した」とのべているが、他に「一機先行、三機後続」「三機」「二機」の三説があるという（若木重敏『広島反転爆撃の証明』文藝春秋・一九八九年）。それはこの「救難用B29」に関係した目撃情報かもしれない。高空を飛ぶB29の機体番号は見えず、地上から気象観測機、攻撃機、随伴機、護衛機の区別はまったくつかなかった。


原爆投下作戦に硫黄島は不可欠であった。万一の故障に備えた予備機が、硫黄島に準備された。原爆が扉を通らないので、予備機はあらかじめ掘られた穴の上に待機するという周到さである。攻撃機が上空を通らなかった九日にさえ、予備機は硫黄島にいた。

硫黄島占領は、従来、一般爆撃機のために必要であったと説明されていた。被弾機を救い、また護衛戦闘機の基地に適当な距離であると。それ以上に、硫黄島は原爆作戦のために必要だったのである。

一九四五年（昭和二十年）二月六日の会議（Ⅳ）で、混成群団の離陸地点が討議された。米軍支配下のマリアナの島々は、日本から近い順にサイパン、テニアン、グアムである。

艦隊司令部のあるグアムが適当だと幹部は考えたが、ティベッツの意見は別であった。彼は初期のB29のテスト・パイロットであったし、ルメイの教官でもあった。皆が彼の意見を傾聴した。

「エンジン三基だけで一三〇〇キロ飛べる率は二〇%。故に近い方がよい」「途中に着陸可能な中継基地があれば積み替えや給油、機械的調整ができる。エンジン三基なら着陸は可能、二基なら（原爆を）投棄しなければならない。事故に備えて潜水艦や他の艦艇の救助態勢がほしい」。基地の件はアシュワース海軍中佐が実地検分してテニアンに決定した。

ティベッツ大佐が「中間乗換え地」を提案し、グローブス工兵少将が検討を約束したのが二月六日である。海兵隊が硫黄島に上陸したのは二月十九日であった。

最初の原爆目標を広島に決定した理由について、II『原爆投下報告書』は、「長崎と小倉には捕虜収容所があり、広島には、我々の知る限りそれがない。故に広島を……」と堂々と書いている。

長崎の収容所の位置ははっきりしなかったが、数千人の連合軍捕虜が収容されており、日中なら造船所で働いている。閃光を浴びれば死なないまでも一生盲目になる、と分かっていた。この挿話には、万難を排して原爆投下作戦を遂行しようとする、グローブスとティベッツの強い意志が示されている。

スパーツ大将、ルメイ少将、ファレル准将（グローブスの軍事面の現地代理）は、広島に米軍捕虜がいることを知っていた。ティベッツは話を聞いてから、将軍たちに「任務が遂行できるか?」と問われ、「もちろん」と答えたのである（ボブ・グリーン『DUTY―わが父、そして原爆を落とした男の物語―』山本光伸訳・光文社・二〇〇一年）。

7 三十五分で廃墟になった

一九四五年（昭和二十年）八月八日午前、福岡県八幡市街地が爆撃された。六日の広島と九日の長崎、二つの原爆の間の日である。位置からいっても八幡は広島と長崎の間であり、原爆目標であった小倉と、隣町八幡は微妙な関係にあった。

翌日の一弾で戦争は決着する。日本人には八幡爆撃は不必要に見える。同級の上原欣二氏は、「倒れかけた相手を引きずり立たせてノック・アウトしたようなもの」「やつらに『敦盛《あつもり》』は分からんじゃろうな」という。

『平家物語』で熊谷次郎が、平敦盛を討ちかねて、「彼一人を逃がしても勝ち戦に敗けるものでもなし」という、その言葉をさす。（勝敗は明らかなのに、なぜ米軍は無用の殺戮を続けるのか……）という感慨を抱いた人は多かった。彼らはそのようには考えない。

内務省の規定では、被害町村名や死傷者数など具体的なことは発表を禁止されていた。

報道は当然、不正確なものであるが、当時の空気を知るために掲げる。

(1) 八月九日の朝日新聞。西部軍管区司令部八日十五時発表。

「戦爆二百六十機来襲」「北九州の要地飛行場攻撃」

一、マリアナ基地のB29約百二十機及び沖縄基地の大中型百十機小型約三十機の戦爆連合の編隊は八月八日〇八四〇頃より……主力は北九州の要地に……一一三〇頃までに概《おおむ》ね退去せり。

二、損害は軽微の見込み。

三、戦果　撃墜十二、撃破十一、拡大の見込み。

(2) 防衛庁防衛研修所戦史室編『戦史叢書　本土防空作戦』(朝雲新聞社・一九六八年)

「B29約百二十機が南方から直路北九州要地に来襲」「雲上を高度三千～四千米で八幡、若松地区に侵入し、焼夷攻撃を行った」「高射部隊は電測射撃を行ったが……各隊数発で射撃不能となった」「八幡製鉄所は焼失を免れたが市街は大半焼失した」

(3) 地元の『宮田町誌下』(一九九〇年)には、百合野の被害が載《の》っている。しかし、面積も戸主の氏名もない。再版だが戦時記録のままである。

「八月八日……町内百合野ノ一部空襲被害ヲ蒙《コウム》リ、七戸罹災シ五戸焼失」

どの学校にも一九四五年の「校務日誌」はなかった。一九八二年（昭和五十七年）に宮田北小学校に行って下さったのは六年の時の担任の安永可恵先生で、このとき、すでに一九四五年の日誌がないことが分かっていた。

「保存期限は三十五年と思いますよ」と一年当時の担任、高須カツエ先生はいわれる。しかし、直方高等女学校の一九四四年の日誌はあり、一九四五年のはない（もと同校教師飯塚俊一郎氏確認）。これは一九四五年の校務日誌の、通達による破棄を暗示する。

二人の同級生が「父が日記をつけていた」と実家に行ってくれた。遅かった。

(4) 百合野の空襲記録は『鞍高七十年』（一九八七年）にあった。資料は元教諭の日記である。

1 渡鉄身（博物）日記（一九四五年八月八日）。

……十時頃敵B29爆撃機二百数十機が、直方上空を横切って北九州方面に行った。宮田方面には焼夷弾が落された。錫テープが沢山頭上に落ちた。電探妨害に撒くのである。山部の高射砲は打ち上げたが当らぬ。雲間を縫う銀白色の敵機を指差し歯切りするのみ。

2 神谷貫市（国漢）日記。中間の炭鉱の入口で生徒と、頭上の大群を見た。

一〇四五、敵機の編隊が上空を井然《せいぜん》と銀翼を連ね、爆撃機を戦闘機が前後左右を守る隊形か。幾編隊も幾編隊も白昼堂々と北上して行く。（中略）八幡、黒崎、若松、戸畑一帯が爆撃……燃料工場、貯炭場も……黒煙もうもうという。

これは護衛戦闘機に関する日本側の唯一の記録である。当日は、沖縄伊江島からリパブリックP47戦闘機が来援した。新聞記事の「マリアナのB29一二〇、沖縄の大中型一一〇、小型約三〇」を「マリアナのB29二四五、沖縄伊江島のP47一六〇、硫黄島のP51三〇」とすると事実に近いと思われる。

(5) 硫黄島のノースアメリカンP51戦闘機は、機銃六基、最高時速七〇三キロ、航続距離一五〇〇キロあまりとプロペラ機の限界を示す性能であった。零戦より時速で一三八キロも速いのである。四月七日に計約一〇〇機が東京と名古屋に現われ、戦闘機と国民の苦難は加速される。

P51は沖縄支援のため一一〇ガロンの増槽二個をつけて飛行距離を倍にし、鹿屋、国分に出撃した。しかし、北九州は鹿児島より二〇〇キロ北である。激しい戦闘行為に伴う燃料の消耗を考えると、九州北部への派遣は能力を超える。伊江島の滑走路は修復中であった。

P47は、幅は零戦とほぼ同じだが、重量は倍もあるずんぐりした巨大戦闘機で、二五〇キロ爆弾三個が積めた。米軍記録は「P51とP47が同行した」という。硫黄島から護衛についたP51は、多分、筑後川河口で伊江島から来たP47と合流し、そのまま八幡まで同行したのだろう。爆撃機二四五機を二〇〇機近い二種の戦闘機が囲む、珍しい雁行であった。

神谷先生はえんえんと続く三種の「白昼堂々」の行進を、呆れて見ておられた様子である。高校三年の担任であった老先生にお礼の電話をすると、「(ノートを) チリカミ交換に出さんでよかった」と笑っておられた。

(6) 一九四五年七月半ば第21爆撃コマンドは編成が変わり、第20航空軍 (Twentieth Air Force) となった。司令官カーチス・ルメイ (Curtis E. LeMey) はそのまま在任して、八月一日に上部組織である戦略航空軍司令官カール・スパーツ (Carl A. Spaatz) 大将の参謀長になった。したがって六月の福岡空襲の報告書にはルメイの署名があり、八月の八幡空襲の報告書には後任のネイサン・トワイニング (Nathan F. Twining) の署名がある。

アメリカ陸軍戦略航空軍 (United States Army Strategic Air Force) の司令官カール・スパーツ将軍は沖縄伊江島の第三〇一戦闘機集団に出撃を命じることができた。

(7) 米軍記録でなければ出撃機数、爆弾の種類と量、損害など肝心の部分が捕捉できない。国会図書館の「作戦任務報告書第三一九号」を見る。

一九四五年八月八日　目標　八幡市街地　出撃機数　二四五機
参加部隊第五八・七三・三一三爆撃ウィング (以下BW)
爆弾の型と信管　M17　M19五〇〇ポンド集束焼夷弾目標上空五〇〇〇フィートで解束
攻撃高度　一万九〇〇〇～二万四三〇〇フィート　上空の天候　雲量　一〇分の四～六
損失合計　四機　任務概要　煙の柱が二万フィート以上に上昇、市の二一%を破壊直援戦闘機としてP47とP51が派遣。日本機六〇~七〇を視認。攻撃回数五三。一機が撃墜、三機が損傷。機械故障で三機損失。二〇機が対空砲火で損傷。一〇〇機が硫黄島に着陸。

八幡攻撃隊の九州への侵入点は、有明海北岸の筑後川河口であった。そこから八幡に向けて引いた直線は、宮田―百合野―直方―中間を通る。爆撃航程はわずか十一分半である。

(8) 第五八BWは、目標火災用の一〇〇ポンドナパーム弾を搭載し、一番早く発進を開始した。ところが衝突機が滑走路(複数)を塞いだため一三一機中三五機しか出撃できなかった。事故に対応して米軍は計画を縮小し、五ヶ所であった爆撃ポイントを八幡の三ヶ所に絞り、目標火災は他で代行し、遅れて到着した第五八BWは編隊のまま進入し、一分で絨毯《じゅうたん》爆撃を終えた。B29一機は、四四〇メートル×二二キロの火の帯を造ることができた。残った九八機は、夜中の福山空襲にあてられた。完璧な事故処理であった。

(9) 八幡空襲の記録を、時間経過に従って整理してみる(BW名をABCとする)。

略称	BW	基地飛行場	機数	投弾開始時刻	投弾終了時刻	所要時間
A	三一三	テニアン北	八三	十時 一分	十時 二七分	二六分間
B	七三	サイパン	一〇八	十時 四分	三六分	三二分間
C	五八	テニアン西	三〇	十時 二〇分	二一分	一分間

二つの島の三つの飛行場から発進する三個BWは、同時に目標上空に達するよう出発時刻を調整した。おそらく爆撃開始予定時刻は十時ジャストである。

マリアナ三島の珊瑚礁の島々をならして、幾本もの滑走路を造り、駐機場を無数に繫《つな》ぎ、すべての飛行機を野晒《のざら》しにしたのは、発進の効率を上げるための究極の能率主義である。

Cは三五機の発進に四十分、Bは一〇八機に五十九分、Aは八三機に五十八分しかかかっていない。Cの一番機からBの最後尾まで、二四五機が八十六分で発進した。事故の結果、三つの対策がとられた。すべて「爆撃時間の圧縮」と「乗員の安全」のための対策であった。

ルメイ司令官は、いつも「圧縮度を七十分以内にせよ」と強調した。早く激しい火勢にすれば人力では消せなくなる。また、一分でも早い退去は乗員の安全度を増す。被弾しても海上には救助隊がいた。撃墜されても乗員の多くは救われた。行き届いた救助態勢は、彼らを勇敢にした。

(10) 八幡爆撃の特異性

三月十日以降の空襲は「夜間・低空・単独・レーダー」が定型となり、焼夷弾は日本家屋向けのM19が大多数となった。八幡爆撃は、あらゆる点で定型に反する。

第一、白昼、目視爆撃。

八幡市街は皿倉山に近すぎて、一九四四年（昭和十九年）六月の夜間レーダー爆撃は失敗した。八月二十日の白昼目視爆撃は、工場に深刻な被害を与えた。しかし八幡はまだ健在であり、米軍はもう一度攻撃の機会をねらっていた。白昼爆撃には当然、高射砲と戦闘機の抵抗が予想され、それを防ぐには護衛戦闘機が必要である。

だが硫黄島のＰ51には荷が重い。それから二ヶ月近く経ち、実行されたのは小倉原爆攻撃予定の前日であった。

第二、爆弾の種類。

通常の都市夜間攻撃には、日本向けの、六ポンド×四八個の焼夷弾が使われることが多かった。八幡ではこれは僅か一二％で、八三％が四ポンド一一〇本の小さい焼夷弾であった。ドイツ降伏により、ヨーロッパ向け焼夷弾の在庫がふえたためといわれる。

Ｍ17の原形は、ドイツがイギリスに使った一キログラム焼夷弾であった。ヨーロッパの石造りの建物を貫徹して内部をテルミット・マグネシュウムの高熱で焼く。一一〇個の子弾が一気に放出されるので消火が難しく、攻撃側にとっては有効な焼夷弾であった。

しかし、Ｍ17は、日本家屋には適さなかった。屋根と床を突き抜けて地面に突き刺さってしまう。そこで貫徹力を弱くし、火勢を強めた大型のＭ19（六ポンド×四八）集束焼夷弾が開発された。これは小型ナパーム焼夷弾である。

ナパームはナフサ（揮発油）とパーム（椰子）の合成語である。従来の爆薬とは違って、ヤシ油、亜鉛、ガソリンなどを混ぜ合わせたジェリー状のもので、布袋に包まれ、落下の衝撃で壁や天井に飛び散って燃え拡がった。破裂しないので、燃え尽きると、長さ五〇センチの継ぎ目のない六角形の鉄の筒が残った。

目標火災用のM47A2・一〇〇ポンド焼夷爆弾は、五〇キロナパーム爆弾である。後続部隊の到着する前に、機械力でなければ消せない強力な火災を作るのが目的である。一〇〇ポンドといえば、M19の子弾一個、六ポンドの一六倍という威力であった。

第三、爆撃高度。

晴天白昼攻撃には、当然迎撃が予想される。高価な機体と飛行士の消耗を避けるため、爆撃隊の高度は、通常の夜間攻撃より三〇〇〇メートル以上高かった。例えば六月十九日の福岡夜襲の際の爆撃高度は、二七〇〇から一二〇〇メートルである。今回は五七〇〇から七三〇〇メートルであった。

第四、攻撃時間の圧縮。

大多数の中小都市は、一個BWが一点を爆撃すれば全滅した。三個BW以上が出撃したのは、東京・大阪・名古屋・神戸・横浜の五市だけである。八幡への当初計画、三個BW三五〇機規模は、福岡市の二個BW、二三七機より一〇〇機以上多く、中小都市としては類がない。人口、市街の広さからいって、八幡は福岡の比ではない。

福岡は二三七機の攻撃に一〇二分を要したが、ほとんど同数の八幡攻撃部隊は、その三分の一の時間で爆撃を終えた。

攻撃時間を短縮するために、出発時刻の調整と編隊航行が行なわれた。三個BWの目標到着時刻の差は、Cが遅れなければ四分以内であった。Cは一分間の絨毯爆撃をしてただちに脱出した。その位置は『作戦任務報告書』に書かれていない。通常、一梯団（飛行中隊）は先頭に三機（山形）、両翼に四機（菱形）の一一機である。一機の「絨毯」の幅は四四〇メートルに及ぶ。

第五、目標は市街地であったのか。

洞海湾に沿って、ほぼ一直線に三つの照準点が並ぶ。中央は西本町・尾倉付近。西の照準点は黒崎駅の南東、藤田付近。東の照準点は中央町・大蔵付近。すべて国鉄線路から南の市街地である。工場群は線路の北、湾岸にあり、上空からの識別は容易だと思われる。

二四五機は三つの照準点に向かって分散、北上したが、大半が目視爆撃を放棄し、レーダー・ポイントである中央の照準点に群がった。中央町商店街、前田、尾倉、仲町、枝光、山王町、森坂町、猿喰町全域と、鳴水、神原、陣山の一部が焼尽した。

第四製鋼工場は、すぐ前の西八幡駅に停車していた弾薬列車の爆発により全壊した。当日の爆撃機の大半が重構造物向けのM17焼夷弾を積んでいた事実があり、国鉄線路より北の工場が、相当の被害を受けた。目標は八幡市街地であったのだろうか。

『作戦任務報告書』は「目標は八幡市街地。第二、第三の目標はない」と強調する。その口調は、三月十日（東京大空襲）の報告書の前書きを想起させる。

「（略）空襲の目的が、一般市民を無差別に爆撃することでなかったということは注目に値する。目的は、……市街地に集中している工業的および戦略的諸目標の破壊であった」

誰の目にも、この主張は裏返しにうつる。八幡攻撃の目的を述べた文を裏返すと、ちょうどこの報告書の通りになる。結果から見て、目的が疑われるのである。

カーチス・ルメイ少将は、戦後、こう語っている（潮書房『丸』一九七一年六月号）。

「東京や名古屋の、木と紙でできた家の一軒一軒が、すべて我々を攻撃する武器の工場になっていた。……日本では女も、子供までが軍需産業に携わっていた」

この論は、アメリカ人には反論のしようがないので事実として罷り通った。

確かに当時の子沢山の家庭の多くが、零細な手間賃稼ぎの内職で家計を補っていた。都会では、それは造花造り、セルロイド玩具の組み立て、八百屋用の紙袋作りなどであった。

女学生の工場動員のニュース映画を見たことがある。鉢巻にモンペ姿の女学生が、弾丸工場で髪の毛の直径を測っていた。観客は「怖いなぁ」と肩をすくめたものである。

ともあれ近代戦用の兵器は、少なくとも工場で造られたものであったろう。ルメイが本気で家庭工場説を信じたとは思えない。彼はただ、鉄骨の工場を爆弾で精密攻撃するより、木造の密集市街を焼夷弾で焼く方が目的を達しやすいと気づいたのであろう。

焼け野原となった「前田地区住宅」（『八幡製鉄所八十年史』）の写真がある。遠く高炉らしいものが微かに見え、二キロの間に家がない。「焼かれた」というより「粉砕された」感じである。この社宅は最新式のメゾネット式一部鉄筋コンクリート二階建てだったが、根こそぎ耕されたようになっている。

ある目撃者は、絨毯爆撃は「中央区、枝光から鳴水まで電車線路に沿って」通過したという。鳴水は沿線ではなく黒崎駅の南である。現在の高炉台公園付近で国鉄線路はほとんど直角に曲がっていた。その角の上を南西に向かって第五八BWが横切った。電車の線路を中心に三〇機が弾倉を開け放して通過したのなら、他の爆撃と重なった部分では「地球の底が抜けるほど」の惨状になったのもうなずける。同部隊の一部は、目標火災用の一〇〇ポンド焼夷弾を持っていた。国鉄線路の南の被害のひどい市街地と、北側の工場の被害は、予定外の絨毯爆撃によるものである。本来の爆撃目標は市街地だったのだろう。

八幡空襲の結果は、密集地五・七八平方マイルのうち、破壊区域一・二二平方マイル、破壊率二一％であった。計画ではそれぞれ三・五五平方マイル、三三％で、攻撃側としては不満足な結果であった。原因は、出撃機数が約三割方減少したためである。その分を勘案すると、少ない機数で削減された分の爆撃を復活させ、さらに工場の要部を破壊した、この出撃は大成功であった。

八月八日の八幡製鉄の被害は、「東田では稼働中の五基休風、のち二基再開。洞岡《くきおか》では稼働中の三基休風、二基再開。(二基は休風中)」と報告された。部外者がこれで実情を理解するのは困難である。明治の高炉・東田と昭和の高炉・洞岡とは、能力が違う。

東田の第二高炉は日産能力一六〇トン、第三が同二百トン。東田の六基と戸畑の二基、合計八基で年産五〇万トンであった。洞岡地区の高炉は五〇〇トン、七〇〇トン、一〇〇〇トン二基で計三二〇〇トン、一九四二年には年産一七五万トンを記録した。

しかし、戦争末期にはその勢いはなかった。一番大きい第三高炉(日産能力一〇〇〇トン）は休止していた。材料の鉄鋼石不足のためである。高品質の鉄鋼石を得ていた海南島航路は前年秋に放棄された。関門海峡には莫大な数の機雷が投下され、港はほとんど使用不能であった。舳先を突き出した大小の沈船は六連島までの間にも一〇隻あまり見えた。低品質の朝鮮半島産鉱石の輸入量も激減し、原料鉱石の土手はもうなかった。

第六、被害。

共用防空壕の大規模被害が二件。小伊藤山の防空壕崩壊の被害は三〇〇名から二〇〇〇名までの数説がある。もう一つは花尾国民学校高等科の女生徒三五名と教師一名が、従業員三〇名あまりと一緒に動員先の工場の地下壕で窒息死したものである。火が迫ったとき、臨機応変に移動することは困難であった。そういう指揮者がいた壕では、助かった人が多い。

綱分《つなわき》美代子は、この日、八幡製鉄勤務の叔父一家を失った。一家がどこに住んでいたか、午前十時になぜ叔父が家にいたのか、聞かなかったことが悔やまれる。彼女はすでに亡い。

製鉄所の工員の勤務時間は、拘束九時間（実働八時間）三交代制である。夜勤は夜十時から翌朝七時。入浴して帰宅、食事をすませて就寝するのは九時前後であろうか。午前十時、八幡空襲の標的は、夜勤明けで熟睡している工員ではなかったろうか。彼らは上空から一見して分かる集合住宅に住んでいた。

午前十時という爆撃開始時刻は、救助部隊の安全のために決定されたと注記されている。

東京大空襲を始め一般の都市攻撃は夜間の方が多く、救助作業は困難であったろうが、ここでは距離を重視した記述である。もちろん、北九州往復と東京往復の間の、一時間四十三分の差は大きい。しかし、広島攻撃は八時十五分であったし、小倉攻撃予定は九時半であった。もっと早い時刻でもよかったのである。ここにも前々日の広島、翌日の小倉（長崎）原爆攻撃と同じ、攻撃時刻設定についての秘密がある。

広島は、最も多くの群衆が街路を歩き、兵が朝礼と体操に戸外に出ている八時十五分が選ばれた。小倉は逆で、目標は造兵廠という一つの工場であり、ほとんどの建物は老朽木造建築物だから就業中であればいつでもよかった。女学生を含む何万という工員が、木造建物群に詰まっていた。

8　本土決戦前夜の北九州

(1)　なぜ八幡攻撃隊は、私たちの頭上を通ったのだろう？

風向のためである。直行すると、先行グループが作った目標火災の煙が後続グループの視界を妨《さまた》げ、目標が見え難くなる恐れがあった。

航路を決めるのは次の五要素である。

①風向風速。②攻撃時の太陽の位置。③目標の煙を吹き払い、後続グループの視野を保つ地表の風。④見分けやすい進入点。⑤目標付近の高射砲の配置。

この場合、④陸地への進入点は筑後川河口であった（久留米川と表示）。河口の三角洲は特徴があり、高空からも識別が容易であった。ここを分岐点として、各ウィングはグループごとに高度を変え、洞海湾の南の三つの目標に向かって殺到した。わずか十一分半の航路である。爆撃後は二度変針して若松北方白島から豊後水道へと脱出した。この航路選択は⑤と関連がある。下関と六連島の一〇センチ砲を避けたのである。

①約二時間前に警報が出ているから、気象観測機が来たのだろう。当日の風は九〇度二五ノットと観測された。北を〇度として三六〇度で方角を現わす方法で、九〇度は東である。

目視爆撃の命令を守るため、目標火災の煙に妨げられず後続機に目標地点がよく見えるよう、わざわざ九州を廻って筑後川河口から溯《さかのぼ》る遠回りの航路が選ばれた。

陸上を通る航路は危険とされるが、中小都市の防御レベルは低かった。『戦史叢書　本土防空作戦』は述べる。

「防空飛行師団はその兵力、展開配置の関係上……中小都市の防空を実施できなかった」「中小都市の高射部隊配置の要は認められていたが、……総兵力は要地防空にさえ不十分で……重要生産施設を含む中小都市の一部に若干……配置されたに過ぎなかった」

地方都市攻撃の十一回目まで、米軍は損害皆無であった。七月二十七日、大牟田上空で戦闘機により一機が撃墜された。北九州は要地であり、やや防備が厚かった。山口県小月の他に、滑走路一つの規模ながら、福岡県芦屋と防府にも分遣隊が置かれた。米軍は爆撃効果のためにあえてこの危険の多い航路を選択し、護衛を増やすことで危険を回避しようとした。二四五機に対して護衛が二〇〇機である。

しかし、その必要はなかったようである。風が弱まったのか視界が悪く、目視爆撃は不可能だった。大半がレーダー爆撃をし、しかも四機を喪失した。

あの朝、もし風向が反対であったら、大群は私たちの頭上を通らなかった。田野みよ子は、今も孫と一緒に同じ家に住んでいるかもしれない。

翌日、ローレンスは「運命は日本上空の風が決める」といったが、前日も、規模こそ違うが、人の運命は風によって左右されたのであった。

(2) 百合野の爆弾の正体は？

日本では集束焼夷弾を親子爆弾と呼んだ。多用されたものは二種類で、いずれも親一個は公称五〇〇ポンド（二五〇キロ）、百合野のものは、M19と呼ばれる大きい方であった。子弾は六ポンド（三キロ）のもの四八発である。細長い鉄の筒は底面積の直径七センチ、長さ五〇センチで子供にはもっと大きく見えた。

被災者、田野良充氏の幼時の記憶は鮮明である。田野は昭和十六年生まれ、当時四歳七ヶ月で、父は勤めに、母は畑仕事に行き、三番目の姉と二人で留守番をしていた。

警報が出たので、隣組の共用防空壕に行った。大きな鳥のような飛行機がきた。通りすぎたので空襲は終わったと思い、家に帰ると、新しい一群が来て爆撃を始めた。押し入れに隠れていたが空襲は続き、たまりかねて姉が「畑に母を探しに行こう」といいだした。外に出たとたん、爆弾が降ってきた。家の前の銀杏《いちょう》の木が燃え上がり、藁屋根が燃え、周囲が火の海になった。草履に火がついたが、脱ぐ知恵もなく泣いていると、兵隊さんが、姉と自分を両脇に抱えて壕に入れてくれた。家財は全滅、茶碗まで粉々になった。

戦後、畑にした焼け跡から、幾つも焼夷弾の殻が出た。油に独特の強い悪臭があった。父は少しずつ材木を買い集めて、やっと家を建てた。戦後生まれた二人の妹は栄養失調で死んだ。親戚もいなくなり、失ったものは計り知れない。今も足に火傷の跡が残っている……。

田野の記憶する生木の燃え方、火の飛び散り方、臭気、容器の形は、すべてナパーム弾の特徴である。田野は、「頭上を通った二つ目のグループが爆撃した」といった。最初に八幡に来た第八三BWの第二グループだけが、M19を積んでいた。幼児の記憶は正しい。

(3)　赤松林の中に落ち、服などを焼いた爆弾は何であったのか。

私は見ていないが、拳くらいの形と大きさから陸軍のタ弾（対戦車弾の略称）と思われる。ドイツから提供された特殊な銃弾で、穿孔力が強く、日本戦車の倍の厚みの、米戦車の装甲破壊に必要であった。

『戦史叢書　本土防空作戦』の説明では、サイパンを空襲した「武装司偵」は五〇キロタ弾を二個翼の下につけ、電磁気で落とした。「飛龍」はこれを一五個積んだ。飛行中のB29の上から落とす方法では、「武装司偵」と「飛龍」「屠龍」がタ弾を装備した。「大型手榴弾のような三七ミリの小型爆弾が、五〇キロ弾では七六発、三〇キロ弾では三六発分散落下し、瞬発信管で炸裂した」という。

サイパンに最初に展開した第七三BWの航法士レイモンド・ハロランは、初期の日本爆撃で撃墜され捕虜になった。

乗機を脱出してパラシュート降下中、彼は三機の日本練習機に取り巻かれた。三機はタ弾の投下訓練中であった。（チェスター・マーシャル著『B-29日本爆撃三〇回の実録』高木晃治訳・ネコ・パブリッシング・二〇〇一年）

四月七日、著者チェスター・マーシャルは日本に初出撃した。上から投下された燐性弾によって僚機の翼が燃えはじめ、海上に出る間もなく爆発した。

B29の広い翼は確かに弱点であった。燃え始めると消火の方法がなく、やがてガソリンに引火、爆発する。しかし、攻撃機はB29より高度をとって待ち、すれ違いながらこれを落とさなければならない。それは至難の業であり、それほど成功したとは思えない。

ハロラン航法士は、乗機が屠龍の三七ミリ機関砲で機首を撃ちぬかれたという。これもタ弾かもしれない。

米軍は、「日本側の邀撃《ようげき》は積極的であり、大牟田付近から空中戦が始まり、双方に損害が出た。雷電、飛燕、零戦が、B29の上に十個から二十個の黄燐爆弾を投下し、小さな損傷を与えたが、この投弾は、P47の護衛のため予定より早めに行なわれたらしい」と被害の少なさを暗示している（『作戦任務報告書』）。

八幡空襲は白昼攻撃であったから、B29の飛行高度は非常に高く八〇〇〇メートル前後であった。邀撃可能な日本側機種は「司偵」と「屠龍」である。済州島には小月の「司偵」がいた。

この日、B29は硫黄島に一〇〇機も着陸している。燃料切れかも知れないが、多数が小さな損傷を受けた可能性がある。

しかし、タ弾は黄燐ではない。また、米軍は零戦を見たというが、海軍の零戦はタ弾を装備しなかった。零戦が同様の方法で上から投下したのは「三号爆弾」と呼ばれるもので、「黄燐と鉄片を含む二〇グラムの弾子約二〇〇個を時限装置で爆発させた」。

米軍のいう「黄燐」はこれであろう。チェスター・マーシャルの僚機が被害を受けた「燐性弾」も、こちらかも知れない。日本機は陸も海も、上から網打ちのように弾を撒《ま》くという、運だのみの戦法に頼るようになっていた。

防衛研究所資料室に唯一残っている、海軍第三五二航空隊の「飛行機隊戦闘行動調書」（昭和十九年十月～十二月）によると、零戦隊は上方に占位できる最初の攻撃に、盛んに三号爆弾を使っている。しかし、昭和二十年三月、天一号作戦（大和などの沖縄突入作戦）

発動とともに同航空隊は第五航空艦隊司令部の指揮下に入り、三号爆弾を使う機会はなくなった。

宮田町本城に住む本松力氏は、自宅前の田に深く刺さった弾が掘り出せず、長く休耕していた。最近、軍隊経験のある七十八歳の父親から、初めて「あれはタ弾だ」と聞いた。戦後、落ちていたタ弾で指をなくした大人や子供が何人もいる。私たちと同じ、宮田南校六年の女子は、首に破片が刺さって死んだ。それは戦後で、学校行事のイナゴとりの日であった。天候不順で稲の作柄が心配され、化学肥料はなかった。私たちの学校でも、一日中イナゴとりをしたことがある。私にもそれを拾う機会があったのだ。

タ弾の訓練は海上で行なわれたとされるが、実戦ではそうも行かなかったろう。あの松林に子供がいるなどとは、誰も知らなかった。

あの日、私たちの直面していた危険は、米軍の焼夷弾より日本のタ弾の方が大きかった。あのご飯の縮み方は尋常ではなかった。誰が弁当箱一杯のご飯が五センチ角の「おこし」になると想像できるだろう。一瞬の熱が水分を奪ったのである。人間の皮膚が耐えられる温度ではない。

戦時中の新聞には、「子供が米軍の時限爆弾を拾わないように」という警告が再三出ている。タ弾対策かも知れない。戦後こそ、改めてこのような警告が必要だった。

(4)　鞍手農学校のトンネルは、誰がいつ掘ったのだろう。

軍の計画に従い、一九四三年（昭和一八年）頃から徴用人夫によって掘られた。本土決戦用である。

百合野の農学校のトンネルは、高さと幅が四メートルくらいあり、電灯が明るかった。いくつかの入口が中央の広間に通じていた。入口近くの壁の上には神棚があり、榊が供えられていた。空襲の際の、勅語や御真影の避難場所である。空調があったはずもないが、単なる箱である家庭の壕の、じめじめとかび臭い感じはなかった。

壁はまっすぐに削られた堅い黄色い土で、所々に坑木の支えがあった。壁際に一〇センチ幅くらいの浅い溝が掘られ、しみ出る透明な水がかなりの量、たえず流れていた。全体にうまく傾斜がついているらしかった。

当時は子供の頭で、「学校の壕だから生徒が掘った」としか考えなかった。しかし、大変な作業量である。それに生徒の分としては明らかに広すぎ、工事が素人離れしていた。それは自分で壕を掘った経験からよく分かる。真っ直ぐな壁は素人には掘れない。

農学校の向かいにいた清子を探した。

あのトンネルは学校のものではなかった。一九四三年（昭和十八年）頃から半年くらいをかけ、軍の監督下に徴用人夫によって掘られた。人夫の一人は、博多近くの旅館の主人であった。宿舎は農学校の向かいの炭鉱主貝島家で、清子の家を含む数軒が、人夫の入浴を頼まれた。風呂の水汲み、薪、焚く労力は提供しなくていい、風呂釜を貸すだけという結構な条件であった。

数十人の人夫が何ヶ月もかかって掘ったのである。大変な作業量であった。秘密裡に進められたトンネル工事の話は、隣の地域に住む我々にさえ聞こえて来なかった。

幼児であった田野良充は、空襲のとき、兵隊に助けられた。母の兄への手紙には、夜中に行動する戦車やトラックの話がある。子供の私は夜中のことを知らないが、みしみしと異様な音を夢うつつで聞いたことがある。どこの学校にも一〇〇人の兵隊がいて、山の中の塹壕掘りをしていた。農学校にも当然、一〇〇人か二〇〇人の兵隊がいたのだろう。彼らも穴掘り部隊だったのだろうか。

防衛研究所戦史室所蔵の戦時資料には、目のさめるような記事があった。直方から飯塚にかけて、筑豊本線沿いの一帯は、戦車部隊に占領されていたのである。

農学校にいたのは戦車隊整備部隊であった。トンネルが高いのは戦車のためであった。鞍手郡笠松村の山の中には独立戦車第四旅団がいた。福丸への峠、如来田《にょらい》には機関砲が隠されていた。若宮町福丸には戦車連隊本部、若宮町には戦車第一九連隊と機関砲隊、飯塚市津島にも戦車隊がいた。総計二二七〇名である。

旅団司令部の所在地、宮田町千石《せんごく》は八木山川の清流に面し、現在は夏のキャンプ地になっている。私たちが九日に杉丸太を取りに行った山は、その途中の脇野にあった。

脇野の瑞石寺の娘、林綾子は、宮田南国民学校の六年生であった。瑞石寺には独立戦車第四旅団の通信班一三七名がいた。将校は大尉、中尉、少尉、准尉各一名、あとは下士官・兵である。綾子は今でも将校の名前や出身地、子供の名前を覚えている。彼女はマスコット的存在で、全員が綾子の作った毛糸の特攻人形を、ベルト通しにぶら下げていた。
川の上流の千石には、独立戦車第四旅団司令部があった。旅団長は大佐、部下七〇名である。川沿いの道を、ピカピカの革の長靴をはいた軍人が馬を駆った。時々、黒塗りの車が迎えに来た。脇野の寺は、軍隊の駐屯地として絶好であった。如来田峠を超えれば福丸に出る。お寺の本堂と広場は木立ちに囲まれ、人目に立たない。広い本堂と広場があり、庫裡《くり》には大きな鍋釜があった。同旅団の装備は中戦車二二、軽戦車二六、トラック一一、乗用車五、一〇センチ砲六、機関砲五で、いずれも一〇〇％充足されていた。

私も戦車を見たことがあるのを思い出した。ある朝、犬鳴川にかかる粥田橋の手前に戦車が一台いて、若い兵士が売店の人に道を聞いていた。木造の粥田橋は通れないと判断したらしく、「橋を渡らず川沿いに行っても福丸に行けるだろうか?」と地図を示していた。彼が「宮田」ではなくて「福丸」といったので印象に残った。

福丸は若宮町の一部で、後に竹原古墳が発見されたところである。竹原古墳は、高松塚発見以前は日本随一とされた彩色古墳である。宮田より二キロほど奥で、そこが目的地だというのが解せなかった。

今ならその理由が分かる。福丸は犬鳴峠越えで博多に行く道と、三坂峠越えで福間に行く道の手前にあった。そこに戦車隊本部を置いたのは、福丸が、双方に対応できる交通の要衝だからであった。あの戦車は、ゴロゴロと福丸の本部に向かったのである。

(5) 八幡爆撃隊は、なぜこんな田舎を爆撃したのだろう。

直方から我が家の前を通り、宮田町に通じる道は、福丸、三坂峠を経て福間に至る。福間は九州北部で最も広い海岸で、敵上陸の第一候補地であった。

九州は古代から日本の最前線であった。万葉集には防人の歌がある。中世には元冠（一二七四年・一二八一年）があった。母が子供の頃には日本海海戦（一九〇五年・明治三十八年）の砲声が響き、「ロシャが来る」と女子供は山に隠された。

（今まで二千年あまり国を守れたのは奇跡だった。今回は独立国の最後だ。いずれ講和は行なわれるだろう。しかしそれは、九州が蹂躙《じゅうりん》された後であろう。サイパンで、沖縄で、民間人も軍と行動をともにすることを強いられた。九州でも同じだろう……）

九州人は暗黙のうちに、そう覚悟を固めていた。

一九四五年（昭和二十年）三月に新編成された第五六軍は、筑豊本線の天道《てんとう》に司令部を置いた。独立工兵第七一大隊と独立自動車第六八大隊が配属された。各大隊は筑豊本線の駅に沿って分駐した。しかし、連合軍は上陸前に爆撃、砲撃で徹底的に線路と車両を破壊すると考えられ、軍隊は鉄道での移動を考えていなかった。

田舎で一〇〇人の泊まれる大きな建物といえば学校やお寺、神社に限られる。軍隊の駐留は、宿舎である学校に危険をもたらした。飯塚近くの二つの小学校は、同日に艦載機の攻撃を受けた。機銃掃射は木造校舎の二階から床下を一直線に貫き、雨のように瓦の上を跳ねた。大抵の学校では、防空壕は運動場の向こうにある。壕は使えなかった。被害がなかったのは相手が艦載機で、焼夷弾を持っていなかったからである。

八月は本来、夏休みである。子供は分散して家にいる方が安全だったが、危険な学校に集められ、小さな労働を強いられた。休みはお盆の十三日から十六日までであった。小学生は義勇隊ではなかったが、町当局も教育関係者も、小学生に対する特別の保護は考えていなかった。

第三五一師団は沿岸警備についた。若松から伊万里までの海岸線には、三個海上挺進戦隊（三〇〇隻）が配置された。爆雷二個を持つ特攻艇（陸軍）である。海岸の防備に鉄とコンクリートの要塞を築くことはできない。最後の手段として陸軍は海岸線から一歩外側に出た。

角谷数茂氏は、海上挺進第三三戦隊員として糸島郡前原町長浜海岸に配属された。福岡県豊津中学三年生、十五歳で「陸軍船舶特別幹部候補生」に志願、合格して小豆島と江田島で訓練を受け、「甲四型肉薄攻撃艇」通称マルレ隊の一員となった。（『原爆小倉―長崎』）

陸軍は、独立戦車第四旅団と同第五旅団を本土決戦のために編成した。戦車部隊は最も強力な火力を持ち、機動性に富む。二個戦車旅団に北部九州の命運がかかっていた。第五六軍の五個師団は、敵上陸とともに軍砲兵隊の一部で百合野地区を占領、決戦正面の戦闘に協力する。福丸が通信指揮所となり、三方の沿岸防御部隊と本部の連絡をとる。大半の部隊が飯塚～宮田～福丸～福間を通ることになっていた。徒歩で。

八幡空襲の日、学校の手前で盛んに道路が補修されていたのを思い出す。六月頃から日本中が拡幅工事中といってよかった。国道は百合野付近から未舗装で、雨が降ればわだちの跡が深く刻まれ乾けば埃が飛んだ。一車線である。対向車が来ればお互いにバックしてやり過ごす。一番幅が広い車はバスだから、それで十分だった。

しかし、連合軍との地上戦となると、戦車とトラックの通れる道が必要であった。問題は橋と峠の頂上である。粥田橋は木造だが、遠賀川との合流点である植木の中島橋は、鉄橋なので迂回すれば通れた。三月にB29一機が墜落した広い川原にかかる橋である。峠はどうにもならなかった。長崎街道の難所、冷水峠では拡張工事が何ヶ月も続いていた。犬鳴山の頂上では、手作業とダイナマイトでトンネルがじりじりと掘り進められていた。一ヶ月五〇メートルのスピードであった。

本土決戦準備は、住民も知らないほど密かに進められていた。しかし、鳥の目には見通しだったのだろう。山中の新しい土、隠された大砲、軍用トラックのタイヤや戦車のキャタピラの跡。空中からは驚くほど眺望が効く。そのことを私たちは知らなかった。彼らは軍隊の存在を知ったに違いない。

久留米の第一六方面軍も、本土決戦準備に取り掛かっていた。その一つは「宮田町百合野付近に約一万五〇〇〇立方メートルの簡易洞窟を構築する」もので幅二・五メートル、高さ二メートル、一辺が二〇メートルのコの字形の軍需品貯蔵庫を多数掘る計画であった（防衛研究所戦史部資料「本土決戦準備　九州」）。しかし、農学校の山には大きなトンネル壕があり、もう余地はない。そんな広い場所は見当がつかなかった。

偶然、渡日記が謎を解いた。渡教諭は、昭和二十年五月八日と二十八日に、「生徒の動員先である宮田町百合野の陸軍防空壕掘りの監督に」行った。

当時中学四年であった渡高邦氏を探し当てた。教諭のご長男である。

「五月と六月、百合野に行きました。鞍手農学校の向かいの山です。壕は奥行き二〇メートルぐらいの小さいのを幾つも掘りました。出た土は、壕と壕を繋ぐ『とりつけ道』にしたと思います。夕方、直方まで歩いて野苺を食べながら帰りました……」

六月から集積が開始された。本州からの急速輸送品が直方駅に卸され、大陸からの食糧が若松港に着いた。陸上勤務中隊、第六八自動車大隊のトラックがフル回転で往復した。

アルミテープが撒かれたのは、貯蔵庫の上である。第五八BWは、爆撃を終わるまでテープの塊を落とし続け、「効果あった」と報告した。鞍手中学や多賀神社の高射砲を電測射撃とみて精度を狂わせようとしたのかもしれない。渡先生は「打ち上げたが当たらぬ高射砲に歯ぎしり」していた。

木にかかったテープを外すのは大変な作業で、老人たちは悲鳴を上げた。誰もが錫と信じたのは、アルミをあれほど薄く圧延することができるとは知らなかったからである。何でも「勿体ない」と思うのがその頃の日本人であった。持ち帰って田の雀よけにした。

一九九五年、綱分美代子の二人の従弟は、父母弟妹の五十年忌を行なった。田野みよ子は消息を絶ったままである。私たちはときどき同窓会をやっているが、ひょっこりみよ子が現われてくれたらどんなにいいだろう、と思う。

二〇〇五年、次兄の七回忌の帰りに福岡から乗った飛行機には、座席の腕に動く画像がついていた。青いジェット機の絵が、刻々列島の上を動き、高度、時速、「残り時間何分何秒」を知らせる。

十分しないうちに関門海峡を越えていた。時速八五〇キロメートル。数百人を乗せたジェット機は、十一人乗りのB29より遥かに速い。高度八〇〇〇になったとき、視界を確かめた。筑後川河口から北九州に向かう機上から、数秒間は私たちのいた山が見えたに違いない。羽田の手前で大きく沖に出ると、ぼんやり浦安の観覧車が見えた。

第二章——リーフレット作戦

1　見ならし作戦

ボブ・グリーンは、シカゴを中心に活躍するコラムニストで、ABCテレビ「ナイトライン」のリポーターを兼ねる。弱者、敗者の立場を取ることで広い層に好感を持たれ、彼のコラムは、日本の通信社を含む世界中の二〇〇社に配信されている。

彼は広島に最初の原爆が投下された二年後、オハイオ州コロンバスに生まれた。ポール・ティベッツの住むアメリカ中西部の町である。グリーンの父親はティベッツと同年代で、従軍経験があった。ボブは幼い頃、父親が「町でティベッツを見かけたよ」と話したのをおぼえている。

ボブ・グリーンは長じてジャーナリストとなり、二十年の門前払いの末、やっとティベッツの話を聞く機会を得た（ボブ・グリーン『DUTY』・山本光伸訳・光文社・二〇〇一）。

ある日、グリーンは、ティベッツにアメリカ在住のヒデコ・スナイダーという日本女性の手紙を紹介した。

……一九四五年の夏であった。広島の女学生秀子には、B29の大好きな十二歳のいとこがいた。少年は、いつも屋根に登ってパイロットに手を振った。数週間の間、B29は上空を通過するだけで、銃撃も爆撃もしなかった。ある日、「エノラ・ゲイ」（ティベッツの乗機）が来て、少年を焼いた……。


ティベッツは反応した。

「広島には何度も偵察機を飛ばした。市民が慣れて警戒を忘れたという報告を受けていた。広島市民を騙し、いつものように通過するだけだと思わせるのが狙いだった」と。

ボブ・グリーンは、ヒデコ・スナイダーの手紙によって、手を振る少年の姿が脳裏に焼きつき、忘れられなくなった。この一行は、誰も見たことがないのに鮮明な映像記憶を呼び起こす力を持つ。ある年齢層の日本人は、瓦屋根の波を思い浮かべるだろう。屋根の背に跨《また》がる少年の小さな手が一杯にうち振られる。B29の広い翼が覆い被さる。閃光……。

少年は、私たちと同い年であった。

グリーンは、秀子と電話で話した結果、「作戦」の存在を確信した。戦後派グリーンは、人間として、ジャーナリストとしての良心から、日本人秀子の暗示する「作戦」の存在を無視することができなかったのである。

質問者が同郷の、息子のような年代のグリーンであったからこそ、ティベッツは口を開いたのであろう。彼は、百歳になろうと、口外しないと決めたことを自ら破るような人物ではない。アメリカ中西部の男は多言をよしとしない。「言い訳するな、偉ぶるな、すべてを行動で示せ」という彼らの規範は、日本の戦中世代のそれとあまりにも似ている。

長崎攻撃に随行したニューヨーク・タイムズの科学記者ウィリアム・L・ローレンスは早くからこの「見ならし作戦」について述べていた。

「彼らは当時、……B29の小編隊を日本人に見馴れさせるために模擬爆弾を積んで練習飛行をしていた。日本人が原爆機に注意を払わなかった理由はこれであった」(W・L・ローレンス『〇《ゼロ》の暁』・崎川範行訳・創元社・一九五〇年)

原爆の模擬爆弾は、「一万ポンド軽筒爆弾」あるいは「パンプキン」と呼ばれた。これは長崎に投下された「ファットマン」と同型同重量(四・五トン)のオレンジ色に塗られた爆弾で、B29の前部弾倉に一個しか積めなかった。

日本の都市攻撃に多用された二種類の集束焼夷弾は、公称五〇〇ポンドである。模擬爆弾はその二〇倍の重量があった。一杯に高性能爆薬が詰められていたから、密集地に落ちれば当然被害が出た。舞鶴、郡山では各々二〇〇人が死傷したが、米軍が何も発表しなかったため、その正体は半世紀近く不明のままであった。

比較的最近では、リチャード・ローズがこれを指摘している。

「訓練出撃の目的は……戦闘訓練を積むためと、護衛なしで高い高度を飛ぶB29の小編隊に敵を慣れさせるためであった」(リチャード・ローズ『科学と国際政治の世界史　原子爆弾

の誕生 上下』啓学出版・一九九三年、以下『誕生』と略記）

模擬爆弾投下作戦の目的は、公式には⑴「爆撃手の練度向上」、⑵「日本本土の海岸線と地形の熟知」の二つと認められている（『戦略爆撃調査団報告書』）。実際には⑶「投下後の離脱のための急降下を伴う急旋回訓練」、⑷「高空を飛ぶ護衛のない少数機を見なれさせる」という、二つの、より秘密の目的があった。

原爆機は、投弾後の離脱のために八〇〇〇メートル以上の高度を取る必要があり、また特殊任務と悟られないよう護衛戦闘機を伴わないことになっていた。原爆攻撃の際は随伴機二機を伴った三機編隊で出撃し、随伴機は目標近くで計測機器を投下した。訓練では三機編隊で出撃し、日本上空では単独行動を取った。

第五〇九混成群団は、七月二十日から九回、日本に出撃し、終戦までに模擬爆弾四九発と原爆二発を投下した。ただし、指揮官ティベッツと爆撃主任パースンズ（海軍）、爆撃手フィヤビー、レーダー係ビーザーは、本攻撃以前の日本上空出撃を禁じられた。撃墜される危険があり、それは国家機密である原爆の秘密の漏洩につながるからである。

後の広島市長浜井信三は、当時、市の配給課長であった。市長在職中の一九六五年（昭和四十年）に毎日新聞に連載した「原爆十話」は、「その前夜」の空気を伝えている。「広島が爆撃を受けないことを市民が不思議に思っていた」「半月ほど前から毎日一機二機が侵入した」「市民も見慣れて『そらまたBさんが来た』と平気で眺めていた」など。

五日は日曜であった。夜九時過ぎからと十二時すぎから、各々二時間ほど空襲警報が出た。役職上、そのたびに自転車で三キロ離れた市内の防空本部に走った。二度目の解除は午前二時であった。市内の妻の実家に行かなかった無意識の選択が、彼を生きのびさせた。

戦後四年目に広島を取材したジョン・ハーシー（『ヒロシマ』石川欣一・谷本清・明田川融訳・(財) 法政大学出版局・二〇〇三年再版）は、この「偵察機」に広島市民が慣れ親しんでいた様子、また、前夜からの警報に疲れていた様子をよく伝えている。
(1)メソジスト教会の谷本清牧師は、……毎朝この時間に気象観測機が侵入するので警戒警報を聞いても驚かなかった。
(2)中村初代は、三人の子供を連れて前の晩の真夜中から二時頃まで東練兵場に避難し、ゴザを敷いて眠った。二時半頃帰宅……。朝七時、警戒警報のサイレンで叩き起こされたが、空襲警報が出るまで様子を見ることにした。八時に解除になった。
(3)藤井正和博士は、泊まり客を送って駅に行き、七時頃帰ると、警戒警報が出た。
(4)イエズス会のクラインゾルゲ神父は、ミサを終わって感謝の祈りを読み上げているとき、サイレンが鳴った。出てみると、毎日大体この時刻に来る気象観測機一機しか見えない。
毎朝定期的に行動し、広島に七時前後に侵入するB29一機がいたことが分かる。第五〇九混成群団の模擬爆弾投下出撃は七回だけであり、「定期便」としては数が足りない。

ティベッツのいう「偵察機」は、通常の「小型・敏捷な偵察機という機種」ではない。偵察機ではマリアナから日本に直行できなかった。また、攻撃側の立場では、原爆はB29にしか積めないので、「見ならし作戦」もB29でなければならなかった。

広島市民が見ていた「一機」は、偵察機、気象観測機、爆撃機のどれでもありえた。偵察機・気象観測機＝一機＝爆撃しない。爆撃機＝編隊＝爆撃する。であったはずが、いつか「一機＝爆撃しない」と信じられた。ティベッツが「広島市民を騙《だま》した」といったのはここである。

同様のことは他にもある。その一つが尾翼の識別標識Rまたは○にRである。

(1)複数の航空関係の専門家（原田良次『日本大空襲　本土制空基地隊員の日記』中公新書一九七三年・益井康一『B29超空の要塞』毎日新聞社・一九七一年）が、「垂直尾翼にRのついたB29は偵察機」と述べている。一九四四年十一月一日、東京に初めて来たB29は「F13偵察撮影機」で、地図作成用の三面撮影装置一基と特定目標物撮影用カメラ三台を積み、尾翼にR標識があった。「F13」は「広島」後の撮影にも二度出動した。

(2)広島爆撃を終えて着陸するエノラ・ゲイの垂直尾翼には○にRの標識がある。

エノラ・ゲイを含む第五〇九混成群団の一五機は、基地進出前に新鋭機に交換された。エンジンやプロペラが改良され、弾倉が二秒で閉まるようになった。尾部砲塔（機関砲は機銃二丁に）以外の銃座はなく、突出部はレーダードームだけとなり、速度が増した。爆弾の重量は半分だが、エノラ・ゲイの広島往復は、一般爆撃機より四時間も速かった。

(3)八月八日の八幡空襲にも出撃したテニアン島北飛行場の第三一三爆撃ウィング(Bombardment Wing＝一八〇機・BWと略記)の一個グループ(Group＝四五機)の写真では、数機の垂直尾翼に○にRの標識が確認できる(口絵写真参照)。第五〇九混成群団は名目上、基地を共有する第三一三爆撃ウィングに所属したので、四五機あるいは六〇機が同じ標識であっても不思議はない。ただし、一般爆撃機の機体には、上下二個ずつ四個の銃塔と尾部砲塔があった。また、偵察撮影機と第五〇九混成群団所属の機体は、尾翼の記号は○の有無で違ったが、銃座がなく機体が滑らかな点で似ていた。Rの尾翼標識をつけたB29は、ティベッツの一五機のほかに銃座を持つ第三一三BW四五機と、銃座と○のないR印のF13偵察撮影機と三種類いたことになる。

(4)日本側の宣伝放送で、担当の東京ローズは第五〇九群団を二度話題にした。初回は五月三十日、地上部隊が到着したのが戦没者追悼日であったことをからかう内容で、二度目は六月十三日、尾翼に識別記号が描かれた直後であった。彼女は、「Rだから高射砲にはすぐ分かる」といった。隊員はどうして日本軍がそれを知ったのかとヒヤッとした(G・トマス、M・ウイッツ『ドキュメント原爆投下　エノラ・ゲイ』松田銑訳・TBSブリタニカ・一九八〇年)。少なくともティベッツは、もっと複雑な心配をしたはずである。

当時の日本人は視力がよかった。中学生は上空の一機を目を細めて眺めては、「あれは銃座のコブがないだろ。だから射撃しない気象観測機だ」などと判定した。それさえも彼らの掌《てのひら》の上の操りであったのかと今では腹立たしく、また情けなく思われる。

一方、海軍気象観測班は、定期的に侵入する米気象観測機を捕捉していた（矢崎好男・『八月十五日の天気図』・震洋通信社・一九八三年）。毎日定時にマリアナから発進し、長崎の西から侵入して本州を縦断し、仙台沖から海上に出て南下する。途中から暗号で気象データを発信し始める。海軍はこれの解読に成功し、別の暗号に変えて利用していた。

この見解には二つの疑問点がある。

第一に、同機が、本土上空からの発信を日本側に傍受されると考えずに行動していたとする点。それはあり得ない。

日本軍は気象観測機を攻撃しなかった。乏しい燃料と機体、乗員の消耗を避けたいという内情から、爆撃しない単機に対し、いちいち戦闘機を発進させて追い払う手間を惜しんだ。庶民はこれを「定期便」と呼び、そのうち完全に警戒心を失った。

第二に、その目的。東京大空襲以降、都市攻撃は夜間主体になった。それなのに執拗に昼間の気象観測をする目的は何か。これを不審に思う人、「昼間の大攻撃のためだ」と予言する人がいたが、原爆計画を知らない日本人に、謎が解けるはずもなかった。

同機は長崎―小倉―広島―京都―新潟と原爆目標都市を縫って航行していたのである。データ発信は隠れ蓑で、真の目的は「見ならし」にあったと思われる。

午前中の侵入は、原爆投下が雲の少ない午前中に予定されており、また、昼間の方が、高空のB29が住民からよく見えるからであったろう。

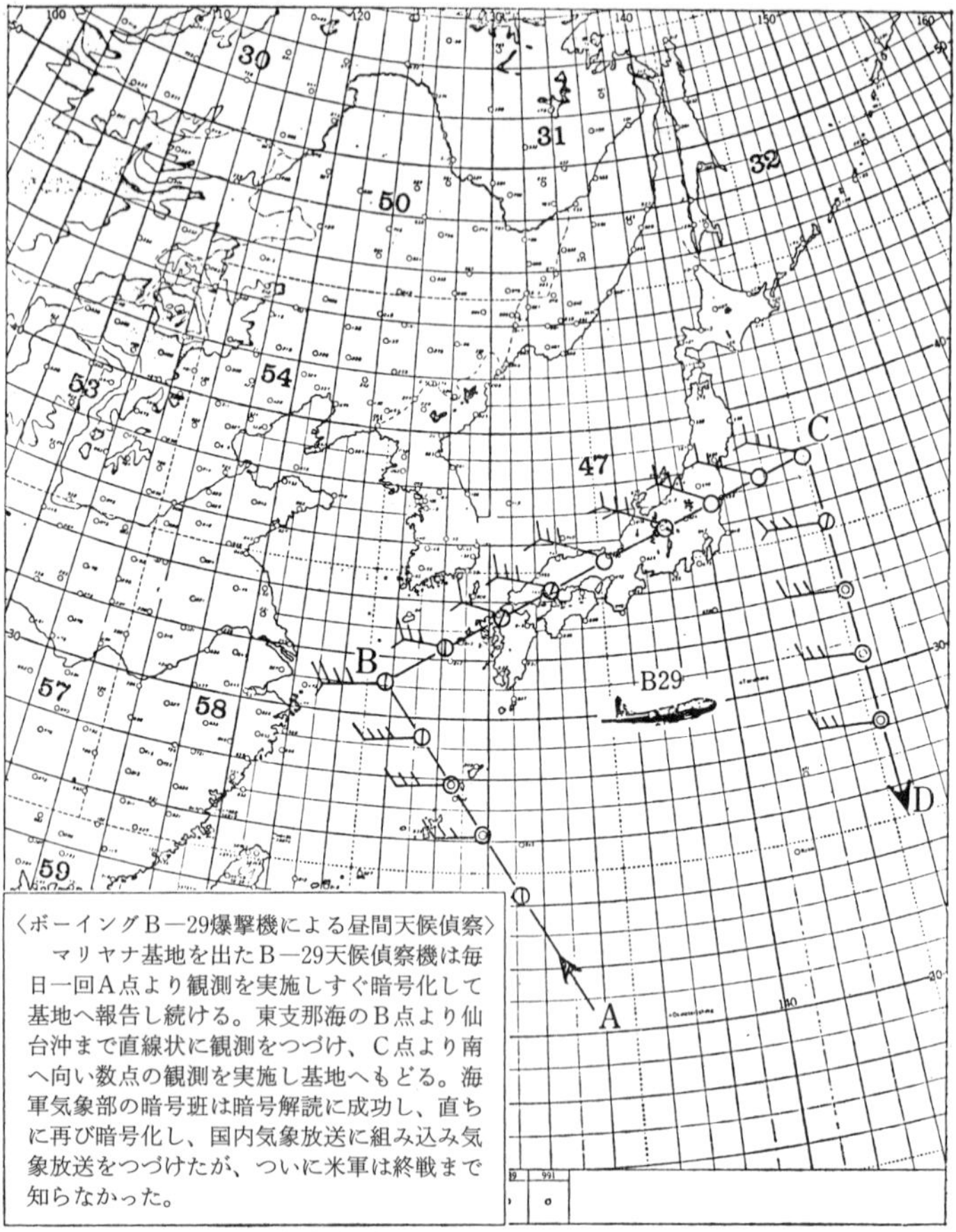
〈ボーイングB—29爆撃機による昼間天候偵察〉
マリヤナ基地を出たB—29天候偵察機は毎日一回A点より観測を実施しすぐ暗号化して基地へ報告し続ける。東支那海のB点より仙台沖まで直線状に観測をつづけ、C点より南へ向い数点の観測を実施し基地へもどる。海軍気象部の暗号班は暗号解読に成功し、直ちに再び暗号化し、国内気象放送に組み込み気象放送をつづけたが、ついに米軍は終戦まで知らなかった。
A
B
C
D
B29
30
31
32
50
53
54
47
57
58
59
100
120
140
150
160

B29の天候偵察気象図（『八月十五日の天気図』震洋通信社より）

一九四五年（昭和二十年）八月六日、攻撃機の一時間前に発進した気象観測機が、七時すぎ、目標の三都市上空に侵入し、サッと引き揚げた。七時半、警報が解除された。八時十五分「エノラ・ゲイ」が来た。警報は出ていなかった。

2　薄氷の三ヶ月

少し時間を遡って、七月十五日までの米政府と軍首脳の立場と心理を考える。一九四五年夏、原爆作戦の責任者＝陸軍長官ヘンリー・スチムソン、原爆計画総指揮官レスリー・グローブス、ロスアラモス原子力研究所長ロバート・オッペンハイマー博士、第五〇九混成グループの指揮官ポール・ティベッツ大佐＝らは薄氷の上にいた。原爆計画を容認し、密かに二〇億ドルを支出したフランクリン・ルーズベルト大統領が、「計画を議会と国民に隠したまま」四月に急死したのである。

計画は着々と進捗していた。陸軍長官が新大統領に説明したところでは、その完成は四ヶ月後、八月初めであった。

ティベッツは、前年の任命時に、第二航空軍司令官ユーザール・エント将軍から、「成功すれば英雄、失敗すれば入獄」と言い渡された。それは彼らの常識であったらしい。実験成功の報を聞いて、七十七歳のスチムソン陸軍長官が「これで刑務所行きはない」と喜んだという（『誕生』）。「国民に対する責任」は、長官の老齢を顧慮しない厳格さであった。

すでに三月十日、三〇〇機以上を夜間動員したにせよ、「焼夷弾で一夜に一〇万」という数字が出ていた。この数は重大な意味を持つことになった。

発端は、六月一日の暫定委員会のように思われる。これは民間人を主体とし、科学者を顧問につけた大統領の諮問機関である。大統領は、原爆問題に民間人の意向を聞こうとした。「普通爆弾の攻撃効果との差異」を質問されたオッペンハイマーは、控え目に答えた。……爆発の中性子作用は、少なくとも半径一キロ以内のあらゆる生命に危険。効果はおそらく二万、この見積りは、住民が防空壕に隠れるという仮定に基づいたものである（『誕生』）。彼は、効果を上げる方法を暗示した。以後、さまざまな場面にこの数字が現われることから推して、目標値はおそらく「一〇万」である。

(1) 七月十九日のカール・スパーツ将軍の発言。「もし私が一〇万人を殺すことになるのなら……書いたものが欲しい」（『エノラ・ゲイ』）

(2) 八月十日、日本降伏決定直後、大統領が原爆投下中止を命じた際の言葉。財務長官ヘンリー・ウォーレスによる。「大統領は『さらに十万人を殺すのはあまりにも恐ろしい』といった。彼は『そうした子供達を殺す』という考えを好まなかった」（『誕生』）

(3) 研究所員オットー・フリッシュ。「……皆が電話に殺到し、ホテルに祝賀会のテーブルを予約……敵とはいえ一〇万人の突然死を祝うとは……」（『エノラ・ゲイ』）

一九四五年六月十八日、ホワイトハウスで特別軍事会議が開かれた。プルトニュウム爆弾の発火装置が開発に手間どっていたため、他の方針を決定しておかなければならなかった。軍首脳と閣僚全員が、心ならずも九州進攻作戦に賛成し、大統領はそれを承認した。同盟国イギリスのウィンストン・チャーチル首相は、「一〇〇万のアメリカ兵とその半数のイギリス兵の損失を覚悟した」（『第二次世界大戦　4』河出書房新社・一九七二年）

一ヶ月後の七月十六日、事態は急転した。プルトニュウム爆弾（長崎と同型）の爆発実験が成功した。八月初旬にウラン爆弾とプルトニュウム爆弾各一発が完成する。一発か二発で、対日戦争は終わるだろう。チャーチルは、「悪夢が消え失せた。日本人は、玉砕の義務から逃れるだろう」「我々はロシアを必要としなくてもよくなった」と安堵した。

ポツダム宣言発表の前日、七月二十五日に、参謀本部は「原爆投下命令書」を発令した。
宛先　合衆国戦略航空軍司令官カール・スパーツ将軍（要旨）一九四五年七月二十五日
第二〇航空軍第五〇九混成群団は、一九四五年八月三日頃以降、天候が目視爆撃を許す限りなるべく速やかに広島、小倉、新潟、長崎のうちの一つに、最初の特殊爆弾を投下せよ。特殊爆弾関係者による諸準備の完了次第、二発目を前記目標に投下せよ。前記以外の目標を選定する場合は別に指令する。この兵器の対日使用に関する一切の情報を発表する権限は、陸軍長官および合衆国大統領だけにある。現地指揮官の発表は、許可なしに行なってはならない。一切の報道記事は陸軍省に送付する。上記の命令は合衆国陸軍長官および参謀総長の承認のもとに発せられる。貴官は写し一通をマッカーサー将軍に、他の一通をニミッツ提督に送付されたい。陸軍参謀総長代理参謀本部トーマス・ハンディ。

カール・スパーツ大将は、太平洋戦線に赴任する途中ワシントンで、これから就任する「戦略航空軍司令官」の任務内容を聞いた。彼は米国が原爆の最初の使用国になることに反対であった。原爆計画の最高指揮官レスリー・グローブスと参謀本部のトーマス・ハンディが説得にあたり、「地上戦による夥《おびただ》しい死」を示唆したが、スパーツは、「正式な命令書が欲しい」という主張を曲げなかった。

この文書へのグローブスの署名は、原爆製造、投下に関する専門部隊の存在を暴露する。大統領に随行してポツダムにいたマーシャル参謀総長は、書類を受けつけず部下のハンディに代理署名させた。誰も命令に責任を取りたがらなかったのだといわれる。

これより先の六月一日、暫定委員会は、原爆目標の決定について次のように答申し、大統領はこれを採用した。

原爆は(1)「日本に対して出来るだけ早く」(2)「軍・民二重の目標に」(3)「警告なしに」使用すべきである（II『原爆投下報告書』）。

「軍事施設と密集市街地の混在」が条件なら、広島と小倉になる。この答申によって二市の運命は決まった。近づく地上戦に備えて、「軍」を狙うのは当然であった。

ホワイトハウスがポツダムに移動中に原爆実験が成功した。ポツダムとワシントンの間に事務的な詰めの作業が非情なスピードで進められた。この文書発令もその一環である。

現地司令官スパーツには、任意に記者会見を開く権限もない。これは彼の権限を制限するための文書のように見えるが、事実は逆である。スパーツは、原爆投下が現地指揮官の意向にかかわらず実行されたことを明確にしておきたかったのである。

彼の自己主張のおかげで一枚の文書が残され、多くの事実がはっきりした。グローブスは受領証を書かなかったし、大統領は日付のメモを破棄したといわれる。この一枚がなかったら、いつ、誰が誰に向かって原爆投下命令を発出したのかさえ歴史に残らなかった。

アシュワース海軍中佐の小倉上空旋回の理由、「マーシャル参謀総長からの目視目標確認命令」（前述）は、これによる。陸軍機による原爆計画を、太平洋地域の陸軍の最高位者マッカーサー元帥が十日前まで知らなかったという事実も、これで確認できる。

従来、「原爆の目視投下を義務づける秘密指令がある」と説明され、しかもその指令の存在は不明であった。一方、本文の「目視」を無視して「八月三日以降なるべく早く投下せよ」とする翻訳があった。「目視投下命令」は、この文書が明記していたのである。

これによって、彼らが最初から「原爆を二個日本に落とす」と決めていたことが分かる。二個一括の命令書は異例である。それは第二弾への期待を意味しないだろうか。

3　四夜ごとに四つの町が消えた

米軍は、面積焼夷率が五〇％を越えると、「効果が落ちる」としてその都市をリストから外した。名古屋が消え、東京、横浜、川崎が、六月に大阪、神戸、尼崎が抹消された。日本の中小都市は、大都市に比べて規模が小さく人口も少なかったが、数が多く、その頃の日本人のほぼ半数は地方中小都市に住んでいた。細長い国土、長年の幕藩体制の結果である。そのため七大都市が壊滅しても、地方は爆撃を知らなかった。

地方都市では、県庁所在地でも公共施設以外のビルは少なく、個人の家屋は大半が木造で、内部は畳に障子、襖《ふすま》に木の廊下、ほとんど焚きつけである。その上、大阪、広島、福岡などでは、江戸時代の遺産である城が軍の本部になっていた。石垣には大きな石が使われており、横からの砲撃には耐える。しかし、縦方向、空に向けては開け放しであった。白壁に金箔が映え、三層の楼閣が聳《そび》える城郭は、どの町でも一目で見分けられた。

カーティス・ルメイ少将は、一九四五年一月二十日に第二一爆撃機集団（XXI BOMBER COMMAND）司令官としてグアムに赴任し、三月十日、東京大空襲により都市夜間攻撃の方法を確立した。マリアナ三島に展開したボーイングB29重爆撃機の戦力は、一九四五年一月半ばまで第七三ＢＷ（サイパン）だけであった。

二月、第三一三ＢＷ（テニアン北）が参加。三月の東京、名古屋、大阪、神戸攻撃は上記二個ＢＷと第三一四ＢＷ（グアム北）で行なわれた。五月、中国・インド基地から第五八ＢＷ（テニアン北西）が移動し、機雷敷設に携わった。五月半ば、硫黄島にＰ51戦闘機一〇〇機あまりが到着した。六月から第三一五ＢＷ（グアム北西）が石油施設専門の攻撃部隊となった。六月には一〇〇〇機をこえる大戦力になっていたのである。

七月半ば、組織替えに伴いルメイはＢ29だけで編成された第二〇航空軍（TWENTI-ETH AIR FORCE）司令官になり、八月一日に上部組織である合衆国戦略航空軍司令部の参謀長になった。ティベッツの群団は名目上戦略航空軍に所属したので、昇進に伴い、ルメイは一般爆撃部隊と原爆投下専門群団の、双方の作戦に関与することになった。

五月二九日に、原爆目標であった横浜を四個ウィング五一〇機で白昼爆撃し、目標から消してしまったのはルメイであり、「日本は焼夷弾で焼き払える」と豪語したのはルメイであった。しかし、この昇進は、従来原爆作戦に無関係であったルメイの立場を変えた。もちろん、原爆作戦がすべてに優先した。

六月十七日から中小都市攻撃が始まった。目視爆撃が困難な梅雨の間も、一定の圧力をかけ続ける効果があった。四夜おきに一六回、一夜に四都市がレーダー爆撃された。毎夜一市とするより、防備側を分散させ、攻撃側の安全度を高めた。一市は大体、一個ＢＷ一回の攻撃で足りた。

被害中小都市は次の通り。地図を見ながら、その状態を考えていただきたい。

1　鹿児島、大牟田、浜松、四日市。
2　豊橋、福岡、静岡。
3　岡山、佐世保、門司、延岡。
4　呉、熊本、宇部、下関。
5　高松、高知、姫路、徳島。
6　千葉、明石、清水、甲府。
7　仙台、堺、和歌山、岐阜。
8　宇都宮、一宮、敦賀、宇和島。
9　沼津、大分、桑名、平塚。
10　福井、日立、銚子、岡崎。
11　松山、徳山、大牟田（二回目）。

4 「爆弾には眼がありません」

中小都市攻撃の第一二回（七月二十七日）、第一三回（七月三十一日）、第一四回（八月四日）の三回が特に「リーフレット心理作戦」と呼ばれる。ビラで一二の都市名を予告し、「数日中に爆撃するから避難せよ」と呼びかけ、実際に幾つかを、多くは翌日空襲した。計三二都市が予告され、うち一四都市が八月五日までに空襲を受けた。（カバー写真参照）

日本では、この作戦の目的を、主としてローマ法王庁に対する宣伝と考えた。ヴァチカンは、無差別爆撃に対して何度か遺憾の意を表わし、警告を発していた。

ビラは爆撃を「数日中」と予告したが、爆撃の大半は次の夜実行された。「予告は待ち伏せを許し爆撃機の被害を増す」という反対論への配慮であろう。

リーフレットは三回とも同じデザインで、表には投弾中のB29五機の写真があり、その下半分に予告一二都市名を毛筆で書き、丸で囲んだものが凹字型に並んでいる。裏は「日本国民に告ぐ」と題する宣伝文。口語、歴史的かな遣い。肉筆のタッチを残すため、写真に撮って反転、製版した念の入れようである。読みにくいが本文を見ていただきたい。

日本国民に告ぐ

あなたは自分や親兄弟友達の命を助けようと思ひませんか助けたければこのビラをよく読んで下さい

数日の内に裏面の都市の内全部若しくは若干の都市にある軍事施設を米空軍は爆撃しますこの都市には軍事施設や工場があります

軍部がこの勝目のない戦争を長引かせる為に使ふ兵器を米空軍は全部破壊しますけれども爆弾には眼がありませんからどこに落ちるか分りません

ご承知のように人道主義のアメリカは罪のない人達を傷付けたくありませんですから裏にかいてある都市から避難して下さい

アメリカの敵はあなた方ではありませんあなた方を戦争に引っ張りこんでいる軍部こそ敵ですアメリカの考へている平和といふのはただ軍部の圧迫からあなた方を解放す

る事ですさうすればもっとよい新日本が出来上るんです
戦争を止める様な新指導者を樹てて平和を恢復したらどうですか（後略）

物凄い量の紙であった。爆撃予告リーフレットは、一都市に六万枚宛てサイパンで高速印刷され、手作業で容器の爆弾に一万枚ずつ詰め込まれた。第五八ＢＷが投下を担当した。第一回は、東京を除く一一都市に計六六万枚のビラが撒かれた。

中小都市攻撃開始と同時にリーフレット作戦が開始されたのなら分かる。しかし、中小都市攻撃を一一回行ない、主な地方都市四一が壊滅した後で、突然、新たな作戦が始まったのである。

『米陸軍航空隊公刊戦史』の説明は、次のようなものである。

第二一爆撃コマンドは、中小都市攻撃では同時に四目標……を基準とした。六月十七日以降、中小都市の焼夷攻撃は一五回、五八都市に対して行なわれ、延べ八、〇一四機をもって五四、一八四屯《トン》の焼夷弾を投下した。……Ｂ29は七月二六日に大牟田上空で一機撃墜され、他に十八機を失い、六六機に損傷を受けた。日本軍の抵抗がほとんどなかったので、ルメイ少将は、Ｂ29攻撃による心理的効果を増大するため、次に攻撃する一二の都市名をビラで警告し、その中から四個都市を選んで攻撃することにした。

「日本軍の抵抗の弱さ」が作戦開始の理由であり、目的は、「心理的効果を増大するため」ということである。意味をなさない。

グローブスの著書（『私が原爆計画を指揮した―マンハッタン計画の内幕―』冨永謙吾・実松譲訳、恒文社・一九六四年）には、リーフレット作戦の説明らしい部分は皆無である。原爆投下直前のものとして、やっと見つけたのは次の記述であった。

「我々の作戦を危険にさらす恐れのある日本側の反撃を封じるために他の航空攻撃が同時に行なわれた」

「我々の作戦」は、もちろん原爆投下作戦である。しかし、一般BWは原爆攻撃日には出撃できなかった。原爆機が一般BWとともに行動することはない。

第五〇九混成群団の隊史は、「六日、第二〇航空軍は、原爆投下を妨げる防衛行動を牽制する目的で日本の諸目標を攻撃していた」と述べる。この方が分かりやすい。戦略航空軍参謀長ルメイは、第二〇航空軍を原爆計画のために使うことができた。

「第五〇九群団隊史」は「第二〇航空軍による攻撃」を「六日」とする。グローブスのいう「同時に」を「同日に」と解釈すれば、五日深夜の爆撃が六日にズレ込んだものがそれである。予告都市への六日の攻撃は「原爆のための牽制攻撃」であった。

しかし、前掲三書は、それがリーフレット作戦の三回目であること、その名目として「人道主義」のビラが撒かれたことに言及していない。同盟国ではどうだろう。

英国首相チャーチルの説明は明快である。

……日本軍の即時無条件降伏を要求する最後通牒《つうちょう》は……拒否された。そこで米空軍は原子爆弾を広島と長崎に投下する計画を立てた。……人命の損失を最小限とするために、七月二七日ビラで、日本の都市は強烈な空襲に曝される……という警告を与えた。翌日、六都市が攻撃された。七月三一日、さらに一二都市に警告……八月一日、四都市を空爆。最後の警告は八月五日になされた。それまでにB29重爆撃機は、毎日一五〇万枚のビラと最後通牒の写し三〇〇万枚を撒いたといわれる。最初の原子爆弾は八月六日まで投下されなかった。

チャーチルは、米国が原爆投下決定後、日本に三回の警告と十日間の猶予《ゆうよ》を与えたと説く。ポッダム宣言を最後通牒とはっきりいう。最後通牒拒否と原爆投下決定は実は逆の順序であったのだが。また、最後通牒が、天皇制存続を認める条項を削除した、より受け入れ難い形で提示されたことは、今日、よく指摘されるところである。

日本人は「強烈な空爆」を原爆とする情報を持たなかった。原爆の実在を知らなければ、どれほど警告しても脅しとしか聞こえない。立場を変えて考えれば明らかなことである。

八幡空襲と小倉原爆投下失敗には関連があるのだろうか。その点で迷路に入っていた。

アシュワースは八幡空襲の日時を確かめず、九年後に「前夜」といった。一般の都市空襲が夜間に行なわれたからであろう。しかし、私たちがB29の大群を見上げたのは、八日午前であったことは間違いない。その後、誕生会をするつもりだったのである。

彼がその日時を知らないのは、査問会が開かれなかったことを示している。もし、八幡空襲が原爆機の墜落や原爆投下失敗に繋《つな》がったら、軍法会議は必至であった。スパーツもルメイも責任を問われたに違いない。

ファットマンは、リトルボーイより安価で短期間に造れ、五割方強力なプルトニュウム爆弾であった。模擬爆弾がこれに似せて造られたことは、その将来性を示す。しかし、長崎の戦果は広島を大きく下回った。それなのに誰も責任を問われていない。なぜか。

一般のリーフレットは個々の作戦のものではなく、戦意を殺《そ》ぐためのものである。しかし、私にはその区別がつかず、リーフレット作戦を情報部の作戦と思っていた。また、八幡が爆撃予告されたことを知らなかった。

リーフレットはこの作戦を「人道的なもの」とする。しかし、ビラは日本人を助けなかった。ビラがなかったら、葛藤や恐怖を知らないですんだ。では何のために？　行き詰まった。爆撃された七大都市、中小都市を地図に書き込んでみる。次にビラにより予告・爆撃された都市。白地図がほとんど埋まり、「広島」前日の日本列島の姿が浮かび上がった。原爆投下の準備が整ったのである。

リーフレット作戦は、原爆投下作戦の一環であった。この点は筋が通った。

かなり以前のことである。実兄舟越泉が、「B29部隊の爆撃目標都市」を記した日本地図を送ってきた。「京都、小倉、新潟がないのはなぜか」という。「一般爆撃部隊は、原爆目標都市の爆撃を禁じられていたから」と答えると、「新潟も原爆目標だったのか」と驚いた。この図では長崎は除外されていなかった。

六つ年上の兄は、もちろん中国国民党の蔣介石総統が、士官候補生として新潟で訓練を受けたことを知っていた。その点で驚いたのだろう。

次に「これはまるで……まるで……」といいかけて、口ごもった。

彼は直観的に知ったのだと思う。同じ地図が、二つのことを示した。『マリアナ基地B29部隊の目標都市図』は、初期には「原爆目標を除いた一般B29爆撃部隊の爆撃目標」であった。十ヶ月後にはそれは「原爆投下準備が整った裸の日本列島図」となった。彼らは着実に機械的に予定を実行に移したのである。

リーフレットはもう一度、「広島」の後で投下される。これは「広島に投下されたものは原子爆弾である」と教えた上で、「即刻都市から退避せよ」と勧告する。しかし、文意は違うので、初め三回を「爆撃予告リーフレット」、最後のを「原爆予告リーフレット」として区別したい。

アメリカ戦時情報部（OWI）は、五月初旬から新しい活動を開始した。エリス・M・ザカライアス海軍大佐は、一九四二年（昭和十七年）のドゥーリトル空襲当時、戦艦「ニューメキシコ」艦長で、その後、海軍第一一区の参謀長になっていた。彼は日本語に堪能で、また、日本人をよく知っていた。「日本人は個人で意志を決定しない。個人への働きかけは無駄だ。上層部を動かせば下は従う」と主張し、この線でフォレスタル海軍長官とキング海軍作戦部長を動かし、放送による対日宣伝活動を認められた。大統領の急死で一ヶ月始動が遅れたが、やがて活動は軌道に乗った。

「無条件降伏は……日本の破滅や奴隷化を意味しない」という彼の言葉は、日本政府要人の注意を引いた。昭和天皇にも報告されたという。五月二十七日、同盟通信海外局次長井上勇は、海外向け短波で彼に答えた。日本の「降伏の意志」が初めて対戦国に伝えられた。

(1)ザカライアス大佐の説が承認され、活動を始めた時点で、日本人個人への働きかけは無用となったはずである。ところが、明らかに個人を対象とするビラ撒きが開始されたのは七月末で、ザ・チームの活動開始から二ヶ月後であった。

(2)爆撃予告は八月五日まで続けられた。

(3)二種類のビラは「原爆投下報告書」に含まれている。他のOWIのビラはない。

この三点は、リーフレット作戦がOWIではなく第二〇航空軍の、原爆投下作戦の一部であったことを示している。ルメイを巡る動きはそれを証拠だてる。

七月　十六日　原爆実験成功。ルメイ第二〇航空軍司令官に就任。

七月二十五日　参謀本部「原爆投下命令書」を発令。

二十六日　ポツダム宣言発表。

二十七日　リーフレット作戦開始。

八月　一日　カーティス・ルメイ、戦略航空軍参謀長に抜擢。

ルメイは、第二〇航空軍司令官に就任すると直ちにリーフレット作戦を開始し、原爆投下実行のためにスパーツの参謀長に抜擢されたのである。この間、京都を加えた五都市は爆撃されることも、ビラが撒《ま》かれることもなかった。

リーフレット作戦は、中小都市攻撃の続きではなく、原爆投下作戦の一部であった。

リーフレットによる爆撃予告都市と被爆都市。将棋盤にバシャバシャと駒が打たれていく。

1予告　七月二十七日　青森　西宮　久留米　宇和島　長岡　東京
　　　　　　　　　　一宮　宇治山田　大垣　津　函館　郡山

実行　七月二十八日　青森　一宮　宇治山田　大垣　宇和島　津

2予告　七月三十一日　福島　郡山（二度目）　前橋　長野　舞鶴
　　　　　　　　　　大津　高岡　西宮（二度目）　福山　久留
　　　　　　　　　　米（二度目）　富山　八王子

実行　八月一日　八王子　富山　水戸　長岡（予告済み）

3予告　八月四日　小樽　秋田　浦和　高山　都城　鳥取
　　　　　　　　岩国　八戸　八幡　今治　福島　佐賀

実行　八月五日　西宮（予告済み）　佐賀　前橋　今治

4実行　八月八日　八幡　東京　福山（いずれも四日までに予告済み）

函館、小樽、八戸、青森、高山、都城は、全国に注意を逸らす仮目標である。他の都市を五個原爆目標都市との関係によって分類すると、次のようになる。

原爆目標都市　周辺都市
新潟　長岡
京都　西宮・宇治山田・舞鶴・津・一宮・大垣
広島　福山・岩国・今治・宇和島
長崎　佐賀・久留米
小倉　八幡

佐賀、久留米両市は長崎とは行政区画と鉄道路線が異なる。しかし、直線距離ではどちらも六十キロ圏に入る。B29では十分の範囲である。

なお、中小都市攻撃の期間に大牟田は二度攻撃され、八月八日にもう一度爆撃された。長崎が原爆目標に決定した直後である。

広島の周辺都市、宇部はすでに七月一日に一一二機に襲われていた。長崎に近い軍港、佐世保は六月二十八日にB29一四五機に爆撃され、さらに七月三日にP51とP47に襲われた。

大牟田は福岡県であるが、有明海に面し、福岡よりはるかに長崎に近い。長崎も三回の爆撃を受け、八月一日には白昼、駅を焼かれた。禁令が沖縄の極東空軍に伝わっていなかったか、わざと放置されたのだろう。長崎原爆攻撃の可能性は小さいとみられていた。

爆撃予告リーフレットで「爆撃する。避難せよ」と宣告されたとき、当局は何を指示し、住民は何を考えたのだろう。旧市史に、その種の記述を見ることはできなかった。『日本空襲記』（文和書房・一九七二年）の著者一色次郎は、八月五日に浦和の知人を訪ね、その夜爆撃を受ける市民の思いを知った。四日、爆撃予告ビラが降ったという。ちょうどそのとき、「至急」とした回覧板が来た。警察署長と市長連名の通達である。貴重な内容が記録された。

「市民各位　本五日夜かここ数日間、浦和市への敵空襲の公算が大である。ついては左記の準備態勢を本日中に完了されたい」（以下要旨）

(1)　防火用具を整備し、十分な水の準備をする。
(2)　食糧その他生活必需品は各家で絶対に燃えないようにする。
(3)　児童、幼児、妊産婦、働けない老齢者は隣組長の認定により夕食後、安全な地域に事前避難する。
(4)　右以外のものは絶対に避難を許さず。

一色はその夜、B29の動向に息をつめた。浦和は焼かれなかった。しかし、宇都宮、佐賀、今治、前橋では予告が実行された。この日、家や家族を失った人がいれば、それは広島原爆の、環境を整えるための犠牲であった。

疎開や学校に、家族は分散していた。市外通話は何時間も繋がらず、連絡は取れない。夕方までの数時間に、主婦と老人は、勝ち目のない戦いに備えて走った。主婦も戦士として町を守る義務があった。幼児との別れを覚悟しなければならなかった。

門口には水桶と火叩き、鳶口《とびぐち》を備え、焼夷弾に投げつける小さな砂袋を作る。証書や実印、本や着物を埋める容器は陶器のカメである。衣類や布団の保存は至難であった。当局と警察の統制力は厳存し、避難を許さなかった。市民は家の焼失を防ぐことも、逃げることも、降伏することもできなかった。

第一目標は広島であった。明石・姫路・和歌山から徳山・宇部・下関・門司まで、太平洋側の都市は、七月二十六日までにほとんど爆撃された。残った宇和島・今治と福山は予告後に爆撃された。

これらは広島に医療や食糧を提供できる距離にある。爆撃されたのは予告都市の五三％だが、原爆目標の周辺都市は八〇％が爆撃を受けた。

まず周辺を攻撃、占領し、目標を孤立させるのが米軍の好んで採った作戦である。リーフレット作戦は、広島の周辺都市を直前に叩き、孤立させるのが一つの目的であった。これにより防備隊を減らし、本攻撃を容易にする。それは生き残った人への食糧や医療品の補給を困難にし、戦果を加速する働きをしたはずである。

「人道主義のアメリカは罪のない人を傷つけたくない」という言葉は空虚である。中小都市攻撃が実施されていた約四十日間、爆撃の規模は一日一都市の割合であった。予告開始後、目標都市が小規模になったとはいえ、実行までのサイクルが加速された。九日間に一四都市である。彼らに人命救助の意図はなかった。


リーフレット作戦は、「見馴らし作戦」の次の段階、「誘い出し作戦」に入っていた。広島市民はすでに「偵察機は爆撃しない」と信じた。一方、広島の安全を保証するさまざまな噂があった。「ルーズベルトが爆撃を禁止した」「トルーマンの母親が宣教師時代に広島にいた」「二世の故郷だから爆撃されない」等々。

しかし、「見馴らし」と噂だけでは予測値の五倍増は難しい。もっと積極的な心理操作が必要であった。この作戦はリーフレット「心理」作戦であった。


井伏鱒二の『かきつばた』にヒントがあった。井伏は、広島県福山市近郊の疎開先から、愛媛県今治《いまばり》に落ちる爆弾の地響きが数えられたという。福山と今治の間には、瀬戸内海六〇キロがあった。本当だろうか?

百合野空襲の際、わずか一キロの距離の竜徳・本城にも音が響かず、家や学校では事情を知らなかった。集束焼夷弾が投下されたので、子弾一個は小さかった。山は音を反射し吸収する。井伏も、遥かに近い岡山の空襲が焼夷弾であったため聞こえなかったという。

海上では遮《さえぎ》るものがなく、見通しはいいだろう。しかし、地響きはどうだろうか。二五〇キロ爆弾なら可能性がある。広島～今治は、福山～今治とほぼ同じ距離である。

今治と宇和島に投下された爆弾の種類は対照的であった。前者は音の激しい爆弾、後者は炎の高い爆弾が選ばれた。小さな町に不似合いな、多量の爆弾であった。

今治は五日、三度目の爆撃を受けた。五〇機により、M19五〇〇ポンド集束焼夷弾約二五〇〇個、五〇〇ポンド破片集束弾六一個、五〇〇ポンド通常爆弾三二個が投下された。町は壊滅した。破片集束弾はそれ以前にはあまり使われていないが、この夜は佐賀、前橋、西宮、御影の四市がすべて、この殺傷力に優れた爆弾を投下された。

五〇〇ポンド通常爆弾は、いわゆる二五〇キロ爆弾である。激しい音響を伴い、スリバチ状の大穴は、日本家屋一軒を苦もなく飲み込んだ。

愛媛県宇和島は第一回の予告を受けた。三二機により五〇〇ポンド集束焼夷弾約六〇〇個、一〇〇ポンド焼夷弾約二六〇〇個が投下された。目標火災用ナパーム弾である。宇和島は、海峡を隔てて広島の正面にある。闇の中に激しい炎が見えたはずである。

これは広島攻撃の一部であった。二つの地方小都市は、広島から見える位置にあったために焼かれた。人口は中小都市の中で今治が四九位、宇和島五一位であった。

ビラは、原爆効果を上げるため、市民の心理を操作した。☆は市民心理の変化。

(1)半月ほど定時侵入する護衛なしの一機を見せる。
☆一機＝気象観測機＝爆撃しないと信じて警戒を忘れる。
(2)近隣の宇和島・今治・福山・岩国への爆撃予告ビラ投下。
☆「なぜ人口全国六位の軍都広島が予告されないのか?」と不審に思う。
(3)宇和島と今治を爆撃して、ビラの信憑性《しんぴょうせい》を証明する。
☆「予告されていない広島は空襲されないかも……」と考え始める。
(4)攻撃前夜、二度、各々二時間にわたる空襲警報。
☆広島の安全は決定したと思う。退避に飽きる。不眠で反応と思考力が鈍る。
(5)六日七時九分、警戒警報発令。(気象観測機一機侵入・離脱)三十一分警報解除。
☆いつもの気象観測機と思う。警戒心はすでにない。

市民は警報を無視して出歩いていた。何といっても「Bサン」は、毎日風を観測する人畜無害の存在である。その存在はほとんど忘れられていた。市当局と警察は、市民がビラを信用し始めたことに気づかなかった。

中学四年生の河内朗は、工場が郊外に移転したので、広い市内を横切って宮島口まで通っていた。六日朝も警報中に家を出た。駅への途中で、高空に飛行機雲を引く一機を見、電車の中で警報解除を聞いた(『ヒロシマの空に開いた落下傘』大和書房・一九八五年)。

建物疎開の作業開始は七時であった。思いがけない高空にB29を見つけた一人が「まあ、あんな所に」といったので、皆が手を止めてそれを見た。次の瞬間、白い閃光で目が見えなくなった（ローズ『誕生』）。この言葉には、相手を敵とする認識がない。

これがリーフレット「心理」作戦の真相である。多くの広島市民が一機の定期的侵入をおぼえていたが、ヒデコ・スナイダー以外はその意味を深くは考えなかった。

5 義勇兵の病気

広島は陸軍第五師団の所在地であった。日清戦争（一八九四年）の際は広島城に大本営が置かれ、国会も広島で開催された。そのとき事実上、広島は日本の首都であった。

一九四五年（昭和二十年）当時の人口は約二八万、他に約四万三〇〇〇の軍隊がいた。本土決戦のために西日本を統括する第二総軍司令部が置かれ、六日九時から城内で通信部隊の全体会議が予定されていた。広島は西日本の司令塔で、地上戦に対する陸軍の強い自信があり、広島が攻撃されるとは誰も夢にも思わなかった。第一目標は広島城に近い第二総軍司令部であった。ティベッツの爆撃手フィアビーは、ルメイが「照準点は？」と訊《き》くと、T字形の相生橋《あいおいばし》を指した。威力が大きいので、照準点は、その建物である必要はなかった。

七時すぎに侵入したのは、いつもの観測機ではなかったが、誰も疑いを抱かなかった。それがいつものように離脱し、いつもと変わりない日になるはずだった。四十五分後、二つの練兵場では数千の兵士が半裸で体操をしていた。警報は出ていなかった。

街路では、大勢の老若男女が建物を引き倒していた。防火帯工事は終わりかけていた。市民は一戸に一人が動員され、近郊からは義勇隊を含め、従来は動員されなかった低学年の中学生や女学生も来た。「小学生に家を引き倒された」人もいる。総数は八〇〇〇とも一万二〇〇〇ともいわれる。

原爆は遮蔽物のない野天に、群衆がいる時と所を求めていた。その観点から、住民を三種に分けることができる。(1)防火帯工事人夫。(2)勤め人。(3)軍人。
(1)は一日中やっている。街頭のタコツボ壕は蓋がなく、放射能は防げない。(2)は朝晩、街路一杯に通勤する。移動中の市民には決まった壕がない。(3)は鉄筋兵舎とトンネル式防空壕を持っているが、毎朝広場で朝礼と体操をする。
観測機は時間をずらして何度も写真を撮り、三者の関係を調べたに違いない。③が戸外に出ていて②で街頭が最も混雑する時間帯はいつか。その時間帯は狭められないか。

ジャーナリスト諏訪澄《きよし》氏は、投下時刻八時十五分に関する資料が皆無であることに気づき、直接ティベッツ退役准将に訊いた(『諸君！』二〇〇一年九月「市民殺戮を狙った原爆投下」)。

答え。「目視爆撃に気象状態のいい朝を選んだ。時間枠―七時から十時―があり、その真ん中にした」「中間点なら八時三十分になるが……」彼は答えず、苛立ちを示した。理由は明らかにされなかった。

トルーマン大統領は、内心、街頭の子供の死を気にかけていた。しかし、日本の新聞は、幼い犠牲者に関心を示さない。「偶然、奇禍に会った気の毒な子供」と考えていた。

防火帯工事の主体は「義勇隊」であった。

リトルボーイの爆発時の中心の温度は太陽の表面温度の約一万倍といわれる。人類が体験したことのない温度である。そのような爆弾を何の抵抗手段もない非戦闘員の上に用いることは社会通念上、国際法上、問題があった。

しかし、日本政府は一九四五年（昭和二十年）二月、小磯内閣当時に国民義勇兵役法を公布し、鈴木内閣になった六月、国民義勇戦闘隊を結成した。男子十五歳から六十歳、女子十七歳から四十歳に適用された。

国際法上、義勇兵は軍人である。「公然携帯する兵器」は竹槍であっても、戦う義務、捕虜になる権利を有した。軍は義務の方しか教えなかったのであるが。

同法により、日本全土が第一線になった。学校は軍隊組織の一単位になった。沖縄に建つ多くの石碑はその結果を示している。戦闘隊の西日本地区の司令官は、広島の第二総軍司令官、畑俊六元帥であった。

米軍は「日本人全体が第一義的軍事目標になった。我々はその場所と男女を問わず、最短期間に最大多数の敵を殲滅《せんめつ》する」と宣言した（児島襄『太平洋戦争下』中公文庫・一九七四年）。爆撃や陸戦の対象として、十五歳以上と以下の区別がつくはずがない。

日本人は、「女子供」が未来を担っていることを認めなかった。近所の男たちも、まず女子供を始末してから竹槍で戦う、と決めていた。

旧憲法は、戸主（男に限る）に家族の支配権を与えていた。家を出ること、職業を選択することは、戸主の支配から脱することである。戸主はそれを拒むことができた。我が家では、開戦直前に父が病死すると、戸主はキャリアを積んだ四十歳代の母ではなく、未成年の長兄になっていた。

鈴木貫太郎首相と迫水久常内閣書記官長が「これはだめだ」と気づいたのは、国民義勇隊用の兵器展示会で、竹槍や先込め銃、弓や鉄棒などを見たときだという。近代的な兵器は手榴弾だけであった。

広島の破壊面積は、半径約二・三キロメートルの円の範囲、約一六・六平方キロメートルと予測された。爆弾は正確に投下された。被害者数は、十一月末の集計では、行方不明者を含めて約一三万人とされる。全壊、半壊した市街の総面積は計一二・二平方キロメートルで、予測値を越えていない。破壊面積は増えず、住人は減ったのに、被害人口は見積もりの数倍になったのである。

福山市郊外にいた作家井伏鱒二は、敗戦後、かかりつけの医者から義勇兵の病気の話を聞く。一〇〇キロ離れた広島市内に動員されていた青年たちが、帰郷後、次々に病気になった。同じ症状で、ひどく苦しむのだが、目に見える傷はない。医者はこの症状について知識がなく、とりあえず「義勇兵の病気」と命名した。誰も助からなかった。

大本営は、かなり正確に被害者数をつかんでいた。高松宮寛仁親王（軍令部員、海軍省軍務局員、大本営海軍参謀、海軍綜合部員）の八月六日の日記は次の内容である。

「〇八三〇頃B29三広島来襲、一機落下傘爆弾投（新威力ナリ）二七万人中一二万死傷」（『高松宮日記　第八巻』中央公論社・一九九七年）。

6　夜中の二時すぎに空襲はなかった

中小都市空襲は、大体真夜中の二時間、二十三時から翌日の一時までに行なわれた。福岡市の場合は、六月十九日二十三時十一分から二十日零時五十三分までであった。

広島前夜と小倉（長崎）前夜は、二時間程度の警報が二度出た。五日夜の二度めの警報解除は六日午前二時ころであった。

広島市配給課長浜井信三は二度、市内の本部に詰めた。二時ころ解除になったが、蒸し暑く、蚊が多くてソファでは眠れず、あきらめて帰宅した。冷房のある時代ではない。

広島城内の傍受班は五日二十二時、一時間おきに本土に近づく三群を捉えていた。一四三機、一六七機、三二七機。どれも地方都市一つを焼くには十分な火力である。最後の一群は他の三倍の機数であった。

二時間後、第三グループの一部が四国向けに分離した。残りの二六〇機は西宮・御影への単機低空焼夷攻撃を始めた。二時一分という終了時刻は、打ち合わせ通りの感じがする。その間、基地では原爆機乗員へのインタビューと写真撮影が行なわれていた。ティベッツが今もサイン会などに使うのが、この「出発前のエノラ・ゲイ」の写真である。彼らは出発時刻、一時四十五分を待っていた。一時間前に三機の観測機が離陸済みであった。五日夜の警報は、計三時間四十分続いた。エノラ・ゲイ離陸の十五分後に西宮の爆撃が終わった。六三七機の後の三機は確かに注意を引かない数であった。

初めの長い警報は①より約一時間早く発令され、後のは⑤の後一時間半続いた。①を一

爆撃対象	始日時分~終日時分	警報発令・解除（広島）
①帝国燃料宇部工場	五日二二二四~六日〇〇三一	五日二一二〇(警)二一二七(空)二三一〇(解)
②日本海沿岸(機雷)	五日二二三二~	
③佐賀市街地	五日二三四一~　二三五六	
④前橋市街地	五日二三四一~六日〇〇〇八	
⑤今治市街地	六日〇〇〇五~　〇〇四七	六日〇〇二五(空)〇二一〇(解)〇二一五(解)
⑥西宮御影市街地	六日〇〇二五~　〇二〇一	
⑦広島(観測)		六日〇七〇九(警)〇七三一(解)

③~⑥はリーフレット予告都市。④を除き原爆目標の周辺都市。

時間前に察知するのは不可能である。

五日夜の空襲と、対応する警報発令時刻をみる。〔略語（警）＝警戒警報。（空）＝空襲警報。（解）＝解除。空襲警報解除後は自動的に警戒警報発令中になる〕

普通、ビラは拾い手によく見えるよう昼間に撒く。しかし今治と佐賀を攻撃した第五八BWは、「T3パンフレット」を持っていた五日から六日にかけての夜中に①の一時間前から⑤の一時間半後までの警戒網攪乱者《かくらん》は、おそらくそれである。

グローブスの言葉の意味がはっきりした。「我々の作戦を危険にさらす恐れのある日本側の反撃を封じるための他の航空部隊による攻撃」とは、西宮・御影市街地攻撃であった。これは原爆攻撃隊の発進をカムフラージュし、日本側の攻撃を封じた。

七月末から、広島近郊に落ちる模擬爆弾の数が増えた。第五〇九混成群団の出撃である。七月二十四日、新居浜に三個。二十九日、宇部に三個。「広島」後は八月八日、宇和島と徳島に各一個。二五〇キロ弾の一八倍、四・五トンの巨大爆弾である。

小倉の模擬爆弾目標であった門司と下関の鉄道操車場、福岡郊外の渡辺飛行機工場、福岡水上機工場は「近すぎる」として抹消された。沖縄戦の頃、九州飛行機（前渡辺飛行機）と道一つ隔てた九州兵器には、鞍手中学、福岡中学、修猷館、筑紫中学の生徒が通年動員で働いていた。間一髪だった。

わが家にも疎開家族が来た。中年の両親と二十歳すぎの姉、小学生の弟である。人数が増えたので、崖にコの字型の壕を掘り直した。

八日夜の長い避難の間、大人たちはブョブョの畳に正座して静かに会話をかわしていた。ろうそくが燃え尽きた。話は続けられた。当時の日本人の礼儀正しさ我慢強さは、もはや我々には受け継がれていない。

九日朝、いつもより遅く起きたのは、警報が出たので親たちが起こさなかったのである。隣のおじさんもまだ家にいた。ほとんど眠っていないのに母は平然としていた。男の子の坊主頭には、点々と藪蚊の跡が盛り上がっていた。蚊取線香が燃え尽きたのである。湿度が高いので、壕の中には予備がなかった。

八月八日から九日の空襲と警報（警報発令時刻は『北九州市史』他による）。

爆撃対象	始日時分~終時分	（空襲警報解除後は警戒警報発令中となる）
①八幡（気象観測?）		○七二五(警)○八○四(空)○八四○(解)
②八幡市街地	八日一○○一~一○三六	○九五○(警・空)一二○五(解)一五○○(解)
③中島飛行機武蔵	八日一六二七~一六四四	
④福山市街地	八日二二二五~二三三五	二二一○(警)○○五五(解)○一一○(警)○三○○(解)
⑤小倉（気象観測）	九日○八一五~	○七四八(警)○七五○(空)○八三○(解)
⑥小倉（原爆）	九日○九四五~一○三○	○九三四(警・空)
長崎（原爆）	九日一○五八	一一○九(空)

八日夜の警報は四時間三十五分続いた。二度目の警報解除は翌九日三時である。八幡空襲の夜であり、福岡はすでに焼けた。(どこが爆撃されているのだろう)と不審だった。解除の際の「九州一円敵機なし」という言葉を覚えている人がいる。通常、本州の空襲に警報は出ない。その後三時までの警報はもっと理由がない。国内に空襲中の町はない。長崎市でも夜中に警報が二度出た。寝不足の市民は、それでも律義にいつもの時間に起き、出勤登校の支度をした。出かける寸前に警報が出た。気象観測機である。じりじりして解除を待ち、サイレンとともにみな飛び出した。酒と醬油の配給日であった。主婦たちは配給所前の路地に列を作った。

7 プルトニュウム爆弾目標――陸軍小倉造兵廠

造兵廠は兵器を造る工場である。陸軍小倉造兵廠は、東京小石川の造兵廠が関東大震災で倒壊した後、小倉に新設・移転し、一九四〇年(昭和十五年)、「陸軍小倉造兵廠」と改称された。小倉城近くの広大な地域である。

最近、柴川に沿う「リバーサイド・ウォーク」に新しい建物群ができた。何か現実離れした空間である。

小倉造兵廠では、銃砲弾薬のほかに昭和刀や風船爆弾を造っていた。川と線路に囲まれた縦長の矩形の区域で、上空からの識別は容易だったはずである。白く円い給水塔が照準点だと噂されていた。住民にも危機感があった。

工場群は建設当時のままの木造で、放射能に対する防御力はない。しかし、旧来の軍都にはそれなりの設備があった。道路の下に地下道が通じていたのである。一九三一年（昭和六年）に延長され、安川電気から西小倉駅近くまで通じていた。枝道の一つは造兵廠の稲荷門と新木町門の間の通りの下にあった。トンネルの一部は、五百キロ爆弾にも耐える厚みがあったという。しかし、動員学徒の記録に、地下道に避難したという話はない。

米軍資料は小倉造兵廠に「毒ガスの混合設備、毒ガス弾製造設備、製造品貯蔵用の地下タンクがある（『II』）」とする。実際の製造場所は小倉南区下吉田の「東京第二陸軍造兵廠曽根製造所」であった。造兵廠から一〇キロメートル以上離れた山の中で、一九九二年に被害訴訟に関連して国が混合設備の存在を認めた。広島県大久野島で造られた毒ガスと小倉造兵廠で造った砲弾、爆弾が、貨車と馬車で山奥の製造所に運ばれた。本土決戦では、双方が化学兵器を使う決意であった。八月九日に、小倉攻撃が優先された理由はこれであろう。

B29のスピードでは、一〇キロは一分の距離である。視界不良の小倉に原爆が投下されていたら、曽根製造所が被害範囲に入らなかった保証はない。工場と人口密集地は多量の水を必要とする。山間には多数のダムがあった。

予告ビラを受けた中で一八都市が八月五日まで残っていた。第二〇航空軍の「野戦命令第一六号」は、八月八日に八幡・東京・福山の三都市の爆撃を命じている。

「作戦任務第三一九号」 福岡県八幡市街地攻撃（八日十時～）
「作戦任務第三二〇号」 東京中島飛行機武蔵工場攻撃（同日十六時～）
「作戦任務第三二一号」 広島県福山市街地攻撃（同日二二時～）

初めの二つは一冊の報告書である。位置・時間・対象の性格がまったく異なる二目標への空襲記録が、一冊の報告書に交互に記されている。それは、この二作戦の目的が同一であり、「翌朝の小倉（長崎）原爆攻撃に対する妨害をあらかじめ除去するための牽制」であったことを示している。

八幡市は、中小都市攻撃の筆頭に置かれても当然の重要目標であった。しかし、中小都市四一のリストにはなく、リーフレット作戦の三回目になって初めて顔を出した。中小都市攻撃開始の頃、八幡の利用法が決まったのであろう。

「中島飛行機武蔵工場」は、一九四四年（昭和十九年）十一月のマリアナからのB29初出撃の際の目標であった。繰り返された一一回の爆撃により鉄骨の廃墟となり、工場は地下に移転した。

ビラは東京に撒かれなかったので、都民は予告を知らなかった。リーフレット作戦は中小都市攻撃の続きと考えられたし、東京はすでにリストから消えていた。もし都民がこのビラを見て東京が目標と知っても、本気にしなかったことだろう。しかも廃墟の中島を攻撃するのは徒労としか思えなかった。

しかし、この作戦は高価についた。三機撃墜、二六機損傷。中小都市では考えられない被害である。帝都守備隊は強力であった。調布、成増、松戸、印旛、東金、厚木（海軍）と六つの基地に、陸軍一五三機、海軍八七機、計二四〇機がいた。強力だからこそ、牽制の対象になったのである。

東京攻撃の意味は、九州と東京の距離が一時間あまりとなった今日ならよく分かる。小倉攻撃の直前に関東を叩き、守備隊を東に釘づけにする意図であった。

「広島」の後で、その東の福山市を爆撃したのは、次の原爆目標が西であることを隠し、山口県小月二〇機、同防府七機、福岡県芦屋一五機という僅かな戦闘機群を、引き廻し消耗させる狙いであったろう。中国筋には、他には岩国の海軍飛行隊しかなかった。

ある人々は、前回のビラで「予告された町が爆撃された」ことを思い出し、「予告されていない小倉と長崎」を、最も安全な町と信じて家族を逃がしたかも知れない。

この暗号に気づいた人がいた。二枚のビラを示し、「小倉と長崎がない。長崎が安全と思う。実家の長崎に行きたい……」と母に相談した。貝島炭鉱の重役の一人だと思うがはっきりしない。母は「造船所や軍需工場があるから安全とは思えない」と反対した。私は「ビラにある場所ではなく、ない場所を信じる」不思議さに魅《ひ》きつけられ、訳が分からないのにこの件をよく覚えている。

身軽な単身者なら、田舎に逃げることができた。大森実の『戦後秘史2天皇と原子爆弾』（講談社・一九七五年）に、三日分の芋を持って山中に逃げた青年がいる。

8　「即刻都市より退避せよ」

米英の放送を傍受する受信所は埼玉県川越市にあった。七日、トルーマン大統領は、

「十六時間前、米航空機一機が広島に投下した一個の爆弾は原子爆弾である」

と声明した。イギリスのアトリー首相も同様のことを発表した。

同日、同盟通信の長谷川才次海外局長は、広島支局の電話不通に心痛していた。B29一機か二機が、一、二個落とした爆弾で広島が壊滅したらしいという不確実な情報しかない。

午前一時半、川越からの電話がトルーマン声明を伝えた。原爆知識皆無の長谷川は、

「つまらんことで起こされたな」

としぶしぶ出社し、書記官長と外務大臣にこれを伝えた。三人ともその緊急性を理解しなかった。

大学生は、ある程度の原爆知識を持っていた。「マッチ箱大の爆弾で一市を壊滅させる威力がある」「独米間の開発競争ではドイツが一歩先んじている」「わが国では理化学研究

所が研究の先端だが、技術的困難と材料不足から、今大戦中の完成は無理」「それは普通爆弾の数万倍の爆発力を持つ故に、製造に成功した国が世界の覇者となる」と、それが切り札であることを理解していた。しかし、当時のわが国の政治家やジャーナリストは、科学知識とは無縁だったようである。

同日、米軍は、再び大規模なリーフレット作戦を開始した。人口一〇万以上の都市四七に、計六〇〇万枚を撒く計画である。内容は「原爆予告・避難勧告」であった。

日本国民に告ぐ！（要旨）

米国は今や極めて強力な爆薬を発明した。原子爆弾一個は、B29二〇〇〇機が一回に搭載した爆弾に匹敵する。疑いがあれば広島の被害を調査せよ。この爆弾による徹底的破壊の前に、諸君が戦争の中止を陛下に請願するよう望む。米国大統領は、名誉ある十三ヶ条の降伏条項を提示した。これを承諾し、直ちに武力抵抗を中止しなければ、我々は、この爆弾その他の優秀な武器で戦争を迅速に終結させる。即刻都市より退避せよ。

再び実行不可能な提案である。政府が伏せている広島の被害を知る方法はない。天皇の住所は誰も知らない。もし手紙に本心を書いたら、逮捕されるのが落ちだったろう。

スパーツ大将は、七月二十五日に原爆投下を命じられ、八月七日に原爆予告リーフレット投下を命じられた。戦果を挙げることと避難を勧めることは矛盾しないのだろうか？「原爆予告リーフレット」には、目標都市が指定されていない。住んでいる町の被害の可能性が不明で、転居先の安全の程度が不明なのに軽々の退去はできない。すべての市民が職場を放棄して逃亡すれば、都市機能は崩壊する。全国でそれが起きれば国は崩壊する。

しかし、地縁・血縁に縛られ、恥と体面を重んじる日本人に、職場放棄や逃亡はできかねた。電車が動かず店が開かず、役人が役所にいない。そんな状態にはならなかった。当時の逼迫《ひっぱく》した状況を考えると、驚くべき自制心である。しかし、崩壊は時間の問題であったろう。

八月五日、一色次郎が見た埼玉県浦和市は、前日に爆撃予告を受けながら混乱を見せなかった。行政側の統制力は堅持されており、市民はそれに耐えていた。

八月六日の昼すぎ、井伏鱒二が見納めに行った故郷の町福山市は、強制疎開命令を受けて混乱の極にあった。誰も広島のことを知らなかったが、「列車は不通、一つ手前の駅から折り返し運転。理由は不明」と駅員は繰り返した。福山で列車を降ろされた人で駅前旅館はごった返し、皆が怒りを吐き散らしていた。一日の差である。

9　広島と長崎の間—完了すべき準備とは何か—

(一)

六日の原爆投下成功は、ドイツとの開発競争にアメリカが勝利したことを世界に宣言した。核爆弾を持つ国は世界の覇者となる。その後の小倉（長崎）攻撃機は定期便扱いで、見送りの将軍の列はなく、記者会見も行なわれなかった。

しかし、プルトニュウム爆弾は、このとき、世界にただ一個の虎の子であった。広島型より遥かに経済的で、短期間に造れ、しかも効果が高い。覇権がこれにかかっていた。

ソ連はドイツ降伏後三ヶ月で参戦すると約束した。八月八日が期限である。原爆第二号完成は十一日の予定だったが、「低気圧が近づいている」のを理由に無理に二日早めさせることに成功した。そのため「米国は原爆を複数持っている」ことを世界に実証できた。

ソ連参戦は長崎攻撃機の出発二時間前であったが、乗員には知らされなかった。ローレンスは沖縄読谷《よみたん》飛行場で給油中に聞いたという。機長スウィーニーは知っていたのだろう。彼は爆弾倉の予備燃料が使えないことを承知で出発を決定した。俗にいうワンツーパンチ、二つ目を出来るだけ早く落とすための出撃決行であった。

結局ファットマンは、照準点から三・四キロメートル離れた、破壊範囲二・三キロメートルの線の外側に落ちたが、誰も咎めなかったのは、「出来るだけ早く」という要請に答えたからである。第二弾投下はソ連参戦より僅かに遅れたが、世界的にはより大きなニュースになり、日本降伏のより大きな要因と認められた。

(二)

攻撃側の意識は「広島」以前とは一変し、守りの意識が強くなっていた。トルーマン大統領は、原爆が「航空機一機により投下された一個の爆弾」と声明した。その航空機はB29に違いなく、基地はマリアナ以外になく、第二弾があるとすればそこにある。

前日まで一握りの要人しか知らなかった原爆の秘密が、世界に知れ渡った。関係者にとって、それは極めて不安な状況であった。もう一つの爆弾、もう一度の攻撃がある。攻撃機は護衛戦闘機を伴わず、尾部の機銃しか戦闘力がない。数機に取り囲まれたら抵抗できず、着陸を命じられたら従うほかない。開戦の半年後、一九四二年(昭和十七年)四月に日本を初空襲したドゥーリトル爆撃隊の悲劇的末路が想起された。

ドゥーリトル中佐とB25(乗員五名)一六機は、日本側の監視艇に発見されたため、予定より十時間早く空母「ホーネット」を発艦し、東京などを爆撃した。開戦以来の敗勢を挽回するための決死隊で、成功すればアメリカ全土を沸かせたであろう。

しかし、この出来事により、夜間爆撃~昼間中国着陸という予定が反対になった。結果として二名が死亡、八名が捕虜になり、うち三名が処刑、終身刑五名のうち一名が餓死した。この件は日本人の残虐性を示す象徴となった。

㈢

ドゥーリトル爆撃隊の危険は、ある程度誰にも予想がつく。しかし、ティベッツのそれは、前人未到の、想像も及ばないものであった。偶然、誰かが爆弾の投下装置を作動させる電波を送ったら……。高射砲に機体を射ち抜かれたら……未知の危険は無数にあった。

その上、今回は、同盟国代表と民間人の同行という問題があった。チャーチルは、ルーズベルトに「原爆投下に政府代表を立ち会わせる」ことを約束させていた。彼らの安全は絶対に計られなければならない。

また、民主国として世紀の情報を国民に伝えるために、グローブスは、ニューヨーク・タイムズの社主に交渉してローレンスを引き抜いた。ルーズベルトの「二〇億ドルの大ばくち」を国民に開示するのに、これは最適の瞬間である。

九日朝、英国人二人を乗せた随伴機が行方不明になったとき、二〇〇〇万ドルに相当する原爆を積んだ攻撃機が、燃料不足という危険な条件下で四十五分も待ったのは、同盟国への信義のためであった。ローレンスには、大佐の身分証明書が交付された。関係者には、投下の成功だけでなく、乗員の安全、同行民間人の安全という重圧がかかっていた。

『エノラ・ゲイ』（ウイッツ・トマス）は、ティベッツが人数分の青酸カリのカプセルを持っていたと記し、『DUTY』では本人がそれを認めた。長崎攻撃機の機長スゥイーニーも、同様の準備をしたはずである。優先順位は第一に原爆の秘密であった。

もう一つ、攻撃機の行動予定を各飛行基地に知らせるか否かの問題があった。ティベッツは反対したが、「君の機の安全と同様、他の一機の安全も重要だ」とグローブスに押し切られた。「命令書」発令以前にあらゆることが研究済みであった。

九日も攻撃隊は三機で、気象観測機（今回は二機）の一時間先発も前回通りとされた。一般の飛行基地には、彼らの行動時刻を避けるよう、その時刻を過ぎても付近に黒煙があったら避けるようにとの通達が出された。レーダー係ビーザーは、重い器材を持ち込んでレーダーを監視し、あらゆる電波の波長を記録し、分析した。日本人が彼らの電波を捕捉して、機体ごと原爆を爆発させるよう試みることが最後まで危惧《きぐ》されていた。


十日の午後、原爆予告リーフレットは、子供の私の頭上にも来た。不意に爆音が迫り、それが一機だったので、わざわざ外に出た。もちろん警報抜きである。見上げる人々の上でするすると弾倉が開き、無造作に尖った黒いものの先端が現われた。

落ちる……子供は金縛りになり、親を呼び立て、僅かに身を寄せあった。

落ちて来なかった。次の瞬間、乾いた爆発音とともに空中のものが上に吹き上がり、飛び散って遠くへ流れた。細かい、軽い、白いもの。……紙だ。爆弾ではない！

安堵が突き抜けた。子供は遊びに戻り、大人は畑仕事に戻った。「爆撃しないB29」の噂は、たちまち町中に広がった。誰もビラを読まなかった。表のメッセージ（降伏せよ）ではなく、裏のメッセージ（爆撃しないから逃げなくていいよ）が確実に伝わった。

原爆予告リーフレット［AB11］は、九日に一六〇万部が大阪、長崎、福岡に、十日に七万五〇〇〇部が東京に投下された。ソ連参戦後の新版、［AB12］は十日午後から一六〇万部が熊本、八幡、大牟田、横浜に投下された（Ⅳ）。新版には、『そのためソ連は日本に対して宣戦を布告したのである』という一行がある。

九日は原爆攻撃日である。一般の爆撃ウィングは、小倉爆撃予定の九時半の、四時間前から六時間後まで、目標の八〇キロメートル以内に入ることを禁じられた。

したがって八日の夜十時から九日午前三時にかけての警報は、原爆予告リーフレットを撒《ま》くB29のためであった。全国に多数のビラを撒くのが「第二弾以前に完了すべき準備」であった。それしか原爆機を保護する方法はなかった。必要なのはビラではなく、それを撒く無害な一機のB29であった。目的は次のようなことであろう。

(1)　全国を行動することで、次の目標が九州であることを隠す。
(2)　爆撃しない一機を何度も見せて、広島を廃墟にした一機を忘れさせる。
(3)　住民の安眠を妨害し、退避に飽きさせ、翌日の本攻撃時に出歩く人を増やす。
(4)　通信を混乱させ、機体、飛行隊員、地上防空隊員を疲れさせる。
(5)　観測機と攻撃機を、無数のビラ撒き機に紛れさせる。

過大に見積もられた地上戦の犠牲を避けるためには、米国はどんな代価でも支払ったであろう。彼らは紙の弾丸を撒いて、目標都市の住民を放射能の下に集めようとした。

スパーツが受けた二つの命令——①「目視できるなるべく早い時期に二つの原爆を投下

せよ」と②「原爆予告・避難勧告ビラを投下せよ」――の間に矛盾はなかった。

日本では紙は貴重品であった。白い紙などどこにもなかった。新聞はタブロイド版四ページで夕刊はない。教科書はお下がりで、書き取りのノートは手紙の裏を張り合わせて作った。テスト用紙はワラ半紙四つ切り、字は豆粒大である。

米紙は、当時も一センチほどの厚みがあった。その上、どのページにも婦人服の広告がある。コルセットの必要なスーツやコートで、パンツは見当たらない。アメリカ女性は実用的な服装をする必要さえなかった。

日本女性の服装は筒袖モンペになった。和服より活動的ではあるが、絹は摩擦に弱く、すぐ膝が抜けた。足元は草履か下駄で、火の中を走る装備ではない。九州の子はハダシで登校し、松葉がチクチクする山の中にも行った。四歳の田野良充は、空襲のときわら草履をはいていた。庶民には、火中を走るための履物がなかった。東京大空襲の夜、隅田川にかかる言問橋には都民の血と脂がしみついた。

輸入に頼った革とゴムは、軍需優先で女子供には廻って来ない。開戦とともにゴムまりが姿を消した。一九四二年（昭和十七年）、シンガポール占領を祝って、一クラスに一〇個、小さなゴムまりが配られた。子供のズックは店頭から消え、厚紙のようなものを底にして帆布を縫いつけた粗末な靴は、すぐ口を開けた。焼夷弾が多くなってからは、「ゴム底靴は危険、革か木底がよい」と通達されたという。

軍靴《ぐんか》の革は、開戦直前に南米で大量に買いつけ、船で輸送に成功した。軍人に限らず学生や勤め人も、戦後も長い間これを履《は》いた。これしかなかったのである。

八月十一日、一色次郎は、福岡で西日本新聞社編集局のラジオを聞いていた。ラジオは一分おき、三十秒おきにブザーを鳴らし、防空情報を流す。

「足摺岬より十目標、大牟田、山口より三目標……」

一色はそれまで、この三市は全く別の地方だと思っていた。しかし、鳥の目で見れば、三市はそれぞれ九州の入口で、海峡は空中の飛行機には何の妨げにもならない。米機は同時にあちこちから侵入し、勝手な方角に進む。それをラジオは次々に報告するので頭が混乱した。

九州上空に制空権はなかった。広島、長崎の壊滅により、政府はポツダム宣言受諾を決意したが、天皇大権その他の問題で十四日まで決定が延びた。飛行機の侵入は、降伏を促進するための圧力であった。日本人はそのとき、完成した原爆はもうないという事実を知らない。どれが原爆機か、ビラを真に受けると、心臓の悪い人なら頓死しかねない状況である。

一色は、米軍ビラが「日本人に繰り返し、軍閥の存在を教えている」ことに気づく。その筋で逃げ道を作り、降伏を勧告しているのである。

長崎県知事長野若松は、八日に広島の実態を聞き、市民避難以外に方法がないと決意した。海軍関係施設、軍需工場、飛行場、港湾もあり、長崎が原爆目標であることは疑いない。でも、まだ北九州も福岡もあるという気がした。まさか明日来るとは思わなかった。福岡市民も同様のことを考えていた。次は福岡ではないか。六月に市の大半を失ったが、まだ繁華街も残っている。市街は広く、人口が多く、軍隊もいる。長崎より小さな目標とは考えなかった。

北九州に近い福岡県遠賀郡中間町（現中間市）で十四日に拾われたビラ（『鞍手郡誌』）は、天皇大権に関する応酬を載せている。同日、東京で内大臣木戸幸一もこれを見た。付帯事項つき降伏申し込みが拒否され、天皇の地位が、占領軍総司令官の下におかれることを多くの国民が知った。それを知った木戸は、「もはやこれまで」と悟る。

ビラの筆者は日本人捕虜といわれる。几帳面な感じの、ごく普通の日本人の筆跡である。彼は日本を早く降伏させることが必要だという説得を信じてビラを書いたのであろう。

ビラを拾うことは禁じられていたから、持っているだけで逮捕される恐れがあった。男たちは人目のないことを確かめて素早くビラを拾い、持ち帰って物陰で一読し、焼き捨てた。持っていれば、戦時中は「お上」をはばかり、戦後は占領軍を恐れなくてはならなかった。

そんな中で、長崎に投下された別種の原爆予告ビラを、四十四年間持ち続けた人がいる（『昭和史全記録』・毎日新聞社・一九八九年）。

半紙四つ切り程度の紙を縦に置き、柱時計に見立てたもので、数字の位置にあるのは日本が失った島々である。一時から順に、ガ島・アッツ・ボーゲンビル・タラワ・マーシャル・アドミラルテー・ニューギニア・サイパン・グアム・比島・沖縄・日本。短針は日本を、長針は沖縄を指している。十二時五分前である。十一の島にはポッキリ折れた日章旗が立つ。ビラの上部に左から右に「時は迫れり！」と一行だけ。

「原爆」も「避難せよ」もない。手違いで他の地区に撒《ま》いても支障がないよう慎重に選ばれた言葉である。これを持ち続けるという行為によって、拾った人の一念が二十一世紀に伝えられた。

一方、焼尽した長崎市の一部と長与町、田結町、茂木町で、「ビラは十日、焼け跡に降ってきた」と主張する人々がいる（長崎市編『ナガサキは語りつぐ』岩波書店・一九九一年）。幸町の妻の実家の焼け跡を、妻の遺体を探して掘っていた浜形加寿男（三菱造船所勤務）は、飛行機を見たが、「撃つなら撃て」と隠れもしなかった。ビラが落ちてきたので、ズボンのポケットにねじ込んで持ち帰った。そのような状況を忘れるはずがない。

投下が遅れたのはソ連参戦により、新版［AB12］の制作、差し替えに手間取ったからだ（II）という。しかし、浜形が拾ったのは［AB11］であった。これは九日早朝に撒かれたはずのものである。「時は迫れり！」を拾った人がいるから、長崎には事前に撒かれていない。北九州も同じであろう。

第三章——反撃

1　めくらまし

戦時中まで、北九州工業地帯では、必要な電力を各工場が自前で作っていた。空を覆う煙突の数は本当に数百本あった。倉幡地区の主な工場は、八幡製鉄所、門鉄小倉工機部のほかに、東洋陶器、安川電気、三菱化成、十条製紙、旭硝子、東芝小倉、帝国酸素、日本火薬、住友金属小倉製鋼所、日本水産、黒崎窯業など各種業種にわたり、煙の量も大変なものだった。煤煙は高く吹き上げられ、高度に従って低下するはずの高空の気温を異常に高め、逆転層を作ってスモッグをとじこめた。スモッグの帯は常に上空にあった。ただし、雨が降れば煤は地上に落ちる。

八幡製鉄は一九〇一年、二十世紀とともに官営日本製鉄八幡工場として誕生した。戦争末期はそれから四十年余りを経ていたことになる。

当時、八幡製鉄の溶鉱炉は東田地区（現在のスペース・ワールドの位置）に六基、洞海湾の対岸の洞岡地区に二基、東の戸畑地区に四基あり、それぞれ燃料を作るコークス炉が隣接していた。

溶鉱炉には熱風炉二基と送風機が付属する。材料を入れる溶鉱炉は上が塞がれているが、熱風炉は上空に火が見える。この火は見えなくすることも、消すことも、地下に移すこともできなかった。

一九四四年（昭和十九年）八月二十日の夕方、中国からの二度目の来襲の際に、米軍が撮影した製鉄所構内の写真がある。コークス炉の近くに黒煙と白煙が立ち昇り、「黒煙は二五〇キログラム爆弾、白煙はめくらまし」という説明である。この日はまだ明るかったので煙が確認できた。初回の六月十五日は夜中になったので、米軍は八幡が真っ暗なのを、灯火管制とスモッグのせいと見たのである。火を隠した方法について、関係者が「幕を張った」といった意味がやっと分かった。

白い煙は発煙筒の煙と思われる。「九六式淡煙発煙筒」は、六化塩化エタンにより十二分間発煙できた。

溶鉱炉の火の処置は、日中戦争開始前からの課題であった。昭和六年七月の演習では、「操業を続けながらアンスラチン煙幕などで遮光に成功した。使用した煙筒六二〇本、費用約二万円であった」という（『北九州市史』同史編纂委員会・一九八七年）。ドイツ製ピアノが二千円のころ、二万円の煙幕とはケタ外れである。それが容認される時と場所であった。炎の反映を隠すために、高い木の棚がつくられた。

一九四五年当時、製鉄所に動員されていた中学三年の豊福弘氏は、別の発煙装置を見た。ドラム缶を縦割りしてコールタールを満たしたカマボコ型の容器の、真ん中に薪が組まれていた。空襲警報発令とともに点火することになっていたという。『若松市史』の座談会に、警察関係者が、「製鉄や三菱化成は煙幕による遮蔽装置を持ち、発令で点火することになっていた」と述べているのはこれであろう。これは黒い煙である。コールタールは、石炭をコークスにするため蒸し焼きする過程でできる副産物である。手近にあり、安価であった。

八月九日朝、小倉市上空に来た原爆攻撃機の乗員は、視界を妨げているものを「前夜の八幡空襲の煙」と見た。前日、彼らは、基地を共有しているテニアン島の別の滑走路から、第三一三BWが日本空襲に発進する音を聞いたのである。

しかし、地元の人々は、この関係に懐疑的である。

(1)まず、木造家屋の炎上の速さがある。日没までの十時間に被害地域はほとんど燃え尽きた。密集家屋の上に、一三〇〇トンの火種が一気に振り撒かれたのである。町並みは真っ暗になり、角地に積まれたコークスだけが真っ赤に燃え盛っていた。これは翌日まで燃えていたが無煙である。

(2)爆撃の後、黒い雨が降った。これは九日の視界不良の原因が前日の爆撃の結果であるとする説を否定する。

平原国民学校勤務の枡綾香氏は、帆柱山登山口の左手の自宅を焼かれて避難したが、午後、落ち着いた防空壕の中から、黒い雨が激しく降るのを見た。三菱化成に動員されていた中学生数人も、帰途、黒い雨に会った。焼け跡を見物に行った豊福少年と友人も雨宿りをした。彼はその夜、満天の星を見た。空中の煤は洗い流されたのである。

しかし、気象庁に雨の記録はない。八幡をはじめ、福岡、東郷、飯塚など九州北部は晴れが続いていた。観測地点でない小倉の記録はない。雨の範囲は不明である。

(3)次に風向の問題がある。「九日十時、小倉は東の風毎秒一・三メートル」という数値があった。これでは西の八幡の煙が、東の小倉に流れることはない。
これは下関の数値であった。小倉の観測値がないので、ある時点から代わりに使われていたのである。地元の人々が乗員の話を受けつけないのは、これが頭にあるからだった。

北九州在住の友人たちに聞くと、湾内で風が回るのか、五市はそれぞれ風向が異なり、雨も雪も同時には降らない。まして海峡の向こうの下関の風向は違う、という。

アメリカ側記録で風向にふれたのは、レーダー係将校ジェイク・ビーザーに取材したジョセフ・マークスの『長く険しい道』(文化評論出版・一九七二年)だけである。

「小倉では、川と鉄道の駅が目印になる。……造兵廠までは二十秒もない。ところが……工場は全然視界に入ってこない。近くに火災が発生して煙の幕がそこを覆っていた。数キロ離れた八幡製鉄が二、三日前に爆撃され、その煙が……目標を隠してしまった」投下中止。一二〇度で交差する航路を選択し、再度爆撃航程をとる。

「また川が見えてくる。だが、またしても強い西風に乗った火災の煙が、兵器廠を視界から隠した」

はっきり西の風説が出た。

(4)前日、小倉の一部が誤爆された。到津付近に八月八日の被害として示されたのは、無数の赤い点である。「焼夷弾小型約一千発」により「死者一、重傷二、軽傷五、全焼九、半焼三、門鉄工機部金田工場二棟全焼」の被害が出た（『日本都市戦災図・第一復員省編・原書房・一九四六年）。

「小型焼夷弾約一千発」は恐らくM17集束焼夷弾一〇個である。しかし、米軍報告書には、「小倉誤爆」の部分はない。原爆目標都市は聖域であった。目標に京都を加えた五都市の爆撃禁止令は、五月以降、改訂のたびに各BWに通達されたはずである。

十ヶ月の間、一般爆撃隊員は辛抱強く、十五時間の爆撃行を繰り返した。無事三〇回の「年期明け」を迎えて帰国した者もいたが、生涯の傷を負った者も少なくなかった。誰もが友人を失った痛手に耐えていた。対日爆撃のためにB29一〇〇〇機と飛行士二〇〇〇名が失われたといわれる。広島で爆死した米軍捕虜は十一名である（『文藝春秋』二〇〇二年九月森重昭「原爆で死んだ米兵を追って」）。

飛行士たちは、七日に六日の爆弾の威力を知った。「一発で広島市壊滅。B29二〇〇〇機相当」と。それは「超 要 塞《スーパーフォートレス》」と最高級の賛辞を捧げられて来たB29が、急に旧時代の遺物になったような逆転の瞬間であった。落胆と怒りに襲われた飛行士たちに、翌日の八幡出撃と「小倉を避けよ」の命令が出た。彼らはその意味に気づいて鬱憤はらしをやったのだろう。目標から削除された若松や戸畑の工場と団地を狙い撃ちしただけでなく、禁じられた小倉の一部にも。「もう出撃の機会はない。最後のひと暴れ」といったところか。戦争とは妙なものである。彼らの上司、ルメイとスパーツは、どちらも原爆投下に積極的ではなかった。ルメイは「焼夷弾攻撃によって日本を敗戦に導くことができる」と主張した。スパーツは、「アメリカが最初の原爆を投下することに反対する」一人であった。その二人が協力してグローブスとティベッツに道を開いたのである。

八月八日のNYタイムズは、［広島原爆投下成功］の三分の一のスペースを八幡爆撃に与えている。見出しは［B-29の八幡攻撃］［二二五機の超空の要塞九州鉄鋼工場を攻撃］［P-47が護衛］。記事は「目標地域は六五万以上の人口の密集する八幡・若松・戸畑・黒崎・小倉の鉄鋼工場地帯を含む」。

第五八BWの発進事故により目標から削除された戸畑、若松とともに、原爆目標として厳に通常爆弾による爆撃を禁止されていた小倉も、北九州の爆撃目標の一つとして発表された。実行者が自白し、スパーツとルメイが認めたのである。この新聞が出た八日朝、日本は八日の夜である。小倉を爆撃したと発表しても日本側に新しい情報を与えることはない、と考えられたのだろう。その十二時間後、観測機は小倉の「もや」を観測していた。

(5)小倉上空には雲があったのだろうか。

門鉄小倉工機部にいた学生たちは、雲の上を行き来する爆音に不審を抱いた。機体が見えなかったのだから、視界を覆うものがあったのは確かである。

当日、監視係であった中学生吉尾剣東児《けんじ》氏は、その様子をよく覚えている。「あらかた薄い墨色の雲が広がり、所々、やや黒い雲が斑に入り混じり、それが幾層にも重なりあって地上を低く覆っていた。しかし、朝の好天気の名残りか、ほんの数箇所、青空が見えた（原爆　小倉→長崎）」。

アシュワースは、報告書には、「地表近くの濃いもやと煙」と書いている。九年後の毎日新聞への談話は、「霧が深く、前夜の八幡空襲の火災の煙で見えなかった」という。機長スゥイーニーは、「八幡からの煙が目標を隠していた」とはっきりしており、随伴機のローレンスは「白く厚い雲」と主張する。ローレンス以外は「雲」を、白い霧かもやと黒い雲か煙が入り混じったものと見ており、それは地上から吉尾の見たものによく似ている。

六日に広島が壊滅し、八日、八幡焼夷攻撃ののち小倉が残った。造兵廠関係者にとって到津《いとうづ》爆撃は原爆予告と映ったことだろう。小倉は兵器工場と密集地が並存し、広島と並ぶ大きな目標で、広島と同様、最近爆撃を受けていない。

小倉造兵廠の責任者は佐官以上の軍人である。彼は広島の被害の実情を知っていた。第二弾が遠からず彼の工場に及ぶのは確実とみられた。

彼が民間工場の空襲対策を知らないはずはない。中央の終戦論議も耳に入っていたであろう。彼の任務は工場を守ることである。あと一日凌《しの》げば戦争が終わる公算が大であった。発煙筒は手近にあった……。今日なら議論の余地はない。

攻撃側の九日のスケジュールは六日の一時間遅れで組まれた。観測機侵入は八時十三分前後、攻撃始点大分県姫島到着は九時四十四分。屋久島上空での会合失敗のため、観測機離脱から攻撃機侵入まで一時間半あった。「めくらまし」を作るには十分な時間である。

ティベッツの爆撃手は、九〇〇〇メートルの高度から直径九〇メートルの的に模擬爆弾を命中させる腕であった。的は切手の大きさにしか見えなかったという。

小倉造兵廠の区画は、永田町一丁目の国会議事堂の区画、一二万六〇〇〇平方メートルのほぼ六倍、約七二万平方メートルあった。歩くのが嫌になるほどの広さである。九四〇〇メートルの高度から見ても切手よりは大きく見えたはずである。この広い区域がすっぽり白いものに覆われ、四十五分間晴れないということが、自然状態であるだろうか？

あり得ない。

日本人は「目視投下命令」を知らない。アメリカ人はそのことに気づかず、日本人にとって、これがどれほど絶望的な抵抗であるかを理解していない。

日本人からみれば目標の確認はレーダーで十分で、見当で落としても成功すると思われた。前日も彼らは好んでレーダー攻撃をした。煙で原爆を防げると考えた日本人は一人もいなかった。無効と知りながら、唯一できる方法だから試みたのである。目視確認は小倉原爆攻撃が失敗するのに、唯一最上の方法であった。

スゥイーニーとアシュワースは、最後の打ち合わせの際、目視爆撃をするようもう一度念を押された。「目視か、さもなければ中止」である。この厳命のため、彼らは小倉で危険な三回の進入を行なったし、レーダー使用を決意しなかった。

原爆を空中爆発させると、全エネルギーの約三五パーセントが熱線のエネルギーになって人体や建物を焼く。

熱線は爆発点からの距離に従って減少する。また、空気中に塵《ちり》や水蒸気が多い視界不良の状態にあるとき、これらに吸収され散乱して減衰する。雲や煙など空気中の微粒子が警戒されたのはこれらが爆弾の熱を奪い、効果を低下させるからであった(『広島・長崎の原爆災害』岩波書店・一九七九年)。

前夜、スゥイーニーとパーネル海軍少将との間に謎かけのような対話があった(フランク・チノック『ナガサキ忘れられた原爆』)。確認されたのは爆弾の値段は約二〇〇〇万ドル、乗機は約五〇〇万ドルということであった。「爆弾が高価だから肉眼で確認せよ」という意味である。このエピソードは、スゥイーニーは「目視」の本当の意味を知らないということを示すようである。

2　「もや」は報告されていた

十日から十四日、日米間の降伏交渉が停滞した。マリアナは再びB29の爆撃を開始した。

すでに九日の夜、三発目の核物質を取りに二機が帰国していた。

八月二十六日、マリアナの四人からワシントン宛てに連名で「作戦上の優先事項」とした最高機密電が打たれた。パースンズ海軍大佐、アシュワース海軍中佐は海軍から作戦に協力した爆撃主任である。ファレル准将とラムゼイ博士は、グローブス大佐の軍事面、科学面の現地代理である。四人は、三発目の原爆投下が必要な場合の準備を進めていた。「作戦上の優先事項」は、次のような主旨である。

(1) 日本人は気象報告機一→攻撃隊三のパターンに気づいた。(2) 八月九日の作戦では、執拗に気象報告が妨害された。(3) 小倉爆撃は四五分間試みられ、失敗した。(4) 日本人は原爆のありかを知った。故に我々は次の作戦には単独機の攻撃を支持する。

気象報告を見る。第二〇航空軍司令官トワイニングからスパーツへの通報。「目標上の天候、〇八一三に高度二万メートル以下は視界無限大、第一目標ではもや、第二目標では快晴。〇九四五に第一目標を爆撃すると期待して待て」

「もや」が報告されている。それなのに、司令官は意に介せず目標を小倉と決めている。

アシュワースの受けた気象通報は、「小倉は好天。十分の三の低い雲、中・高高度に雲なし。予報は好転する。長崎は好天だが雲量増加中」と小倉を勧める内容である。しかし数字が違う。「もや」はなく「低い雲」になっている。これは別物である。ティベッツは気象報告にかかわらず広島へ行くことになっていた(『エノラ・ゲイ』)という。スウィーニーは小倉に行くことになっていたのであろう。グローブスは、「攻撃機は第二目標に向から前に目視爆撃が本当にできないことを確かめるため、必ず第一目標を通過せよ、と命じられた」と記す。

自然の霧や靄《もや》は気温の上昇とともに消える。トワイニングは、この「もや」を自然のものと見て目標を変更させず、スパーツに一時間半後の攻撃成功を約したのである。

攻撃機の到着時に霧か靄《もや》が濃くなっていたら、それは人工的なものである。観測機の侵入前から妨害工作が始められていたのである。アシュワースは小倉攻撃断念の理由を説明しなければならなかった。攻撃機はカメラを積んでいた。後刻、彼らはその事実を写真を見比べて確信した。

これより十八日前の八月八日に、マリアナは「我々は効果を無駄遣いしたくない」「小倉以外は貧しい目標だ」として東京攻撃を提案した。五年前の朝日新聞「素粒子」欄が取り上げているが、この「効果」「無駄遣い」には、半世紀を経ても日本人を慄然《りつぜん》とさせる冷血の響きがある。追いつめた相手を、まっ向唐竹割りにすることを厭《いと》わない大上段の構えである。

ワシントンは交渉相手である東京を壊滅させるつもりはなかったが、OWIは「APワシントン七日発　東京が次の原爆目標になっているかも知れない」と故意に放送した（竹山昭子『戦争と放送』・社会思想社・一九九四年）。降伏を促進するための圧力である。

このニュースはどこからか漏れ、広がった。都民は震え上がった。当時、女学生の年齢だった人は、残らずこの噂を憶えている。

終戦を挟む八日と二十六日の電報には、大きな意識の隔りがある。その転回点は、九日の出撃であった。

3　原爆機は二度撃たれた

長崎攻撃機は、北九州旋回中に高射砲の一斉射撃を受け、また、上昇する戦闘機を見た。まず、アメリカ側、随伴機のローレンスの記述である。

「第一目標上空を旋回中、日本人は高射砲を撃ち出した。彼らは先導機より我々（ボックス機）を狙っているように見えた。突如、黒い煙の塊が白い雲を突き抜けて、まっすぐ我々の方に向かってきた。連射で一五発が炸裂したが、全部下だった。ボック機長は進路を変えた。続いて同高度に八発が炸裂したが、その時は遥かに左に遠かった。その炸裂範囲から脱した時、二一機の日本戦闘機が雲から現われ、旋回上昇して来るのを見つけた」

次にジョセフ・マークス（『長く険しい道』）によるビーザーの行動。

攻撃機ボックス・カーのジェイク・ビーザーは、無線とレーダーの波長を傍受し、戦闘機を管制する電波を調べていた。地上からと空中からの電波がある。後者は段々強くなった。やがて音は走査線に現われ、目で確認された。

「ゼロ戦接近中。機数約一〇機」

機長スゥイーニーは、戦闘機はあまり気にしなかった。しかし、対空砲火の方は不意に来るから注意が必要だ。

ボックス・カーはもう一度、機首を巡らせ、別の角度から投下飛行に入った。また失敗だった。煙は兵器廠を隠し、対空砲火の狙いはだんだん確かになる。小倉上空は危険になってきた。

ビーザーの見た煙は、前日の焼け残りではなく、今現在燃えている火災の煙である。

アシュワースは、「八幡地区から低高度に一五発前後、飛行高度に八発前後」と高射砲について報告した。戦闘機の話はない。

『米陸軍航空隊公刊戦史』は燃料不足と戦闘機について記すが、高射砲の話はない。

ローレンスは、ピューリッツァ賞受賞歴のある科学記者である。彼の著書『〇《ゼロ》の暁』では、核爆発に関する解説が一〇〇ページを超える。核爆発の強力さをよく理解していたが、民間人なので、不意の高射砲弾に原爆爆発を連想しなかった。後でゾーッとしたという。

彼は、捕虜になったときに必要な大佐の身分証明書を所持していた。「『お前は大佐になれそうだよ』と呟いたことが少なくとも一度あった」と冗談めかすが、彼にとって日本人は、原爆より恐ろしい存在であったらしい。

アシュワースは、この作戦で「日本人が攻撃に転じた」ことを重大に受け止めた。原爆投下後、ただちに沖縄から「作戦変更の必要」を打電したが、再度、四人連名の提案をし、中央に原爆機の危険を知らせようと躍起になっている。彼は「目視」の本当の意味を知っていたようにみえる。

十五日の終戦決定後も、マリアナの幹部の関心は次の一発に集中していた。中央との落差は決定的である。しかし、彼らのこだわりのお陰で「気象観測妨害」という言葉が出た。

実際、「広島」以後の日本軍は、迅速に変化に対応した。九日朝、七時五十分の空襲警報は、気象観測機の侵入に対応した。従来、単機には空襲警報を出さなかったのである。すべての気象観測機が囮《おとり》であったとは気づかなかったものの、「広島」は、一機を警戒することを教えた。まだ日本側では、一機→三機のパターンは読めていなかった。

九日の一機がすぐ離脱したので、攻撃機ではないことが分かった。「広島」の一時間前に北九州にも一機が来たことが思い出され、ここで作戦の組み立てが分かった。指揮官は「次の三機編隊が攻撃隊だ」と判断し、地上部隊、飛行隊に攻撃命令を出したのだろう。攻撃隊は二度以上、高射砲の斉射を受けた。

原資料である防衛研究所図書館所蔵の「本土地上防御作戦記録（西部地区）」には、小倉攻防戦の一部が記録されている。原爆機の攻撃計画は存在したのである。

「八月六日広島ニ原爆投下アリ。B29単機ト雖《イヘド》モコレヲ看過シ得ザルニ至リ、各部隊ニ至厳ナル警戒ヲ要望シアリシニ、八月九日意表外トモ称スベキ長崎ノ原爆投下アリ。コノ日戦闘スルニ至ラズシテ甚大ナル損害ヲ被《カフ》ムルニ至レルハ甚ダ遺憾ナリ」

ここには、地上防御部隊が「二機編隊に向けて一斉射撃をした」ことが記されていない。

射撃したときには、相手が原爆機かどうかは不明だった。しかし、その夜には、皆が噂を信じていた。「原爆搭載機は、まず北九州を旋回し、なぜか爆撃を中止して長崎に行った」と。

その理由を、「原爆の爆発には紫外線が必要だから（曇っていたので投下しなかった）」とする推理が生まれた。雲が問題だという点で、この推理は半分当たっている。

北九州の住人は、直情径行で知られる「無法松」（岩下俊作『富島松五郎伝』一九三九年。四年後の映画「無法松の一生」主演阪東妻三郎で有名。最近では北大路欣也、坂東玉三郎で舞台化）こと富島松五郎の子孫である。彼らは郷土を守ることに命を賭けて当然と信じていた。地上防御部隊は、「次の原爆目標は北九州」と確信し、「撃ち落としてやる」と勇んで待っていたのである。「長崎に行かれて残念だ」という口調に、玉砕覚悟のような悲壮さはない。刺し違えれば本望であった。

高射第四師団主力は五月以降、宮崎県に移動し、北九州の地上防空兵力は二七〇門から二一〇門に減っていた。皿倉山には七センチ野戦高射砲四門が、皇后崎《こうがさき》と割子川には八センチ高射砲六門が配備されていた。最大射高は九一〇〇メートルから一万メートルである（実際の有効射高は八割）。

最も口径の大きいのは下関と六連島《むつれじま》の一〇センチ砲である。しかし、これは年代物で、最大射高は八センチ砲に劣った。

戦争末期に、やっと開戦後造られた一二センチ砲が六門、若松総牟田と小倉日明《ひあがり》に設置された。これは最大射高一万四〇〇〇メートルである。アシュワースが「飛行高度に八発前後」と見たのは新戦力の口径一二センチ高射砲であろう。前日、八幡爆撃部隊の一機を撃墜したのもこれかもしれない。アシュワースは「高射砲弾が飛行高度に届いた」ことに脅威を感じた。これが彼の「単独機支持」の理由の一つになった。

　長岡半太郎、嵯峨根遼吉ら物理学者は、「搭載機を撃墜したら原爆が爆発するかどうか」と軍人に質問されて困惑した。前例のないことで、どちらとも断定はできない。二重三重の安全装置がかかっているはずで、銃を取り落としたら暴発する、というようなものではない。日本人は学者を信じた。飛行士は広島のことをほとんど知らなかった。まだ被害写真は公開されていない。

　米軍人の方が神経質であった。広島の結果を知るほど慎重になるのは当然である。彼らは、発進や着陸の際はもちろん、投棄の際も爆発の危険が皆無ではないと知っていた。

　一方防衛庁の戦時資料のうち、飛行隊の「本土防空作戦記録（西部地区）」には、「原爆搭載機ニ対スル戦闘」という珍しい報告書がある。ただし、前書きだけで意味のある本文はない。

　「八月六日広島ニ原爆投下アリ。B29単機ト雖《イエド》モ看過シ得ザルニ至リ……選抜機ヲ以テ北九州要地高々度（一万米《メートル》）ニ哨戒警戒セシメ、未然ニソノ投弾ヲ防止スルニ勉メタリ」

これも、出撃機の数と「二機を見つけて緊急発進し、追尾した」ことを記していない。ローレンスは『NYタイムズ（一九四五年九月九日）』に長崎原爆行を報告した。高射砲の件は見出しにある。

[Enemy Flak Met Going in to the Target] が、戦闘機の件はない。

ローレンス説の「二一機（『〇の暁』）」は多すぎるように思われる。二か三の誤植ではないかと思い、訳書を調べたが、どれも「二一機」であった。原書も二一機である。

"We noticed a squadron of twenty-one Jap fighter planes emerging from the clouds, spiraling upward toward us."

小月・芦屋・防府基地の保有する戦闘機は四二機であるが、日々可働数は変わった。八日の八幡爆撃隊の報告書は、「日本戦闘機二機を撃墜、二機を破壊した」と述べる。そうすると、九日の可働数は三八機以下である。走査線に写った「約一〇機」の方が近いのではないか。ただし、機種は多分、陸軍機である。飛行隊は、「投下前に原爆機を爆弾ごと撃墜する」つもりであったと思われる。

原爆攻撃機が日本戦闘機に遭遇しなかったのは、随伴機との会合失敗による遅れのためである。戦闘機が給油のために着陸したすきに、攻撃機が来たのだろう。この遅延がなかったら、間違いなく北九州上空で、撃墜か爆発、おそらくその両方が起きていた。

B29は一旋回に約十五分を費やした。その航跡は約一四〇キロメートルで、本州の端から九州北部のほとんどを覆う。その円周のどの地点でも、墜落と爆発が起こり得た。私たちのいた宮田町南西部の田圃道も、その円周の下にあった。

その頃、北九州から見る長崎は、往復に丸一日かかる遠い所であったから、(原爆機は、なぜ燃料不足の状態で、基地からより遠い長崎に向かったのだろう)と無謀にも不可解にも思われた。

ローレンスの説明では、「長崎の方が天候が悪化していると思われたので、長崎を攻撃後、沖縄に行けるだけの燃料を残し、ぎりぎりまで運を求めて北九州を旋回するつもりだった」という。地形の制限を受けない飛行機にとって一〇〇マイルは十分あまりの距離でしかなかった。彼らはあらゆる場合を考慮し、効果を上げるためにぎりぎりの綱渡りをした。それでも二点で失敗した。長崎攻撃後、彼らは着水を考え、救助隊と連絡を取ったが、遅延情報が発信されていなかったので潜水艦はいなかった。読谷飛行場は、当日が原爆攻撃の日であり、不時着もあり得ることを知らされていなかった。

ローレンスは、滑走路の隅に攻撃機を発見して安堵した。攻撃機は随伴機より燃料を一五〇〇ガロン少なく積み、その上、爆弾倉の予備燃料八〇〇ガロンが使えなかったのである。

4　長崎

「原子爆弾は想像以上」「広島の惨状　米調査団も驚く」

(1)　敗戦の一ヶ月後、一九四五年九月十一日の朝日新聞は、ファレル准将が一六名（別紙では一三名）の調査団とともに来日し、岩国飛行場から広島入りした旨を伝える。

(2)　ティベッツと部下数人が、調査団とともに来日した。調査団は科学者と医療関係者で組織された。彼らは軍人としての立場から現場を見たかったのだという。

(3)　NHKテレビが五六年目に彼らを取材した（「原爆クルーの長崎訪問」二〇〇一年八月六日放映）。

航空士セオドア・ヴァン・カークは、「『爆弾はどこに落ちたのだろう』というのが最大の疑問だった」という。当時はVTRもなく、数枚の写真では詳細は不明であった。一行が広島へではなく、長崎に行った理由は、「史上最大の爆弾の威力をこの眼で確かめたい」「なぜ効果が落ちたのか、原因究明の必要がある」ということであろう。ティベッツは言葉を選ぶ様子で、「私は驚いた。何しろ地面の底がえぐられているんだ。爆発が地形によって制限されたと思われる」と述べた。

原爆の総エネルギーの約五〇パーセントは爆風になり、家屋や工場を倒壊させ、人を埋めた。壊れた建物や土砂の下敷きになって窒息死し、あるいは負傷やそのための失血により多くの生命が失われた。その上、熱線と爆風は火災を起こし、旋風を巻き起こして死亡原因となった。

広島に投下されたリトルボーイは長さ三メートル、重さ四トン、爆弾の規模は一二・五キロトンであった。長崎に投下されたファットマンは長さ三・五メートル、重さ四・五トン、爆弾の規模は二二キロトン。重量はあまり変わらないが威力はほとんど二倍である。

長崎は二つの川の流域に開けた町である。細い方の中島川地域は商業地、繁華街であり、浦上川地域は川と平行して南北に走る二つの丘陵に挟まれて比較的幅広く、工場や学校が多かった。ファットマンは最初の目標であった下町にではなく、浦上川地域のほぼ中央に投下された。そのため熱線や爆風による直接の被害は浦上川地域にほぼ限られ、丘陵の外には拡がらなかった。

建物の壊れ方は、壊す力と、その建物の固有振動周期によってきまる。爆風はまず上から建物の屋根を直撃するが、原爆の場合、次に地面からの衝撃波が水平方向に働く。ガラス窓など弱い部分が壊れると力はそこから抜けるが、部材の強度が高いほど全体の受ける圧力が大きくなり、崩壊する。屋根の中央がへこみ、全体がズレたり傾いたりして残った家屋があるのは、圧力の加わった時間の短かさを示す。このような破壊例は原爆特有である。

学校や病院の多くは鉄筋コンクリートである。広島でもこの種の建物の被害が大きかったが、長崎の被害は広島の三倍にのぼり、ファットマンの爆圧の大きさを示している。

崩壊しなかったものは、窓から窓に伝わるタテ方向の亀裂があり、建物が後にズレた。広島の照準点、相生橋では片方の欄干が付け根で切断され内側に倒れた。長崎では爆心から約二五〇メートルの鉄道橋が約七〇センチ下流に移動した。衝撃波で持ち上げられたのである。

鉄骨構造は丈夫なものという常識があるが、長崎浦上川流域の工場は、全壊したものが多い。屋根や壁に石綿が使われた建物は、その部分が瞬時に破壊されるので全体の破壊に至らなかった。波形鉄板は壊れ難いため屋根や壁一面に大きな力が加わり、崩壊した。

(1) 長崎市出身の海軍少尉三浦武は、特攻隊の艇隊長の任務から解放され、八月末に帰郷した。

(2) 長崎の光景は鬼気迫るものであった。一つ手前の道ノ尾駅から空気が臭った。山手にあった自宅は残っていたが、爆風で屋根が浮いていた。

(3) 母を探しにいった学校で荷車を見た。マネキンみたいなものを積んでいる。腕のようなもの、膝のようなものが見える。もう一台来る。ガラガラと通り過ぎる。目を疑った。軍隊で見なかった悲惨を故郷で見ることになろうとは。

(4) 夜になるとあちこちで燐光が燃えた。明るく燃えるのは、新たな死者を家族が茶毘《だび》に付す火であった。毎晩、毎晩……。

風が数日吹くと、ここ東京でも空の青さがわずかに蘇《よみがえ》る。透き通った濃い青になるのは年に一度くらいか。ふとそれを見るとき、あの空の色を思い出す。

一九四五年（昭和二十年）八月九日、あの日の空は青かった。見たこともないほど深く澄んでいた。

それが事実であったのか、なぜそうなったのかなどは六十年間、考えもしなかった。

考えればすぐ分ることであった。あの日の空は本当に青かったのである。八日の午後、我が家の周囲にも雨が降り、空は洗われた。工場の煙突は一晩煙を吐かず、翌朝、空は新鮮な色を保っていた。それは一瞬も稼働を休まなかった戦時の八幡にはなかったことであった。

スモッグはいつもこの田舎の空にも漂っていたのである。福知山は九〇〇メートルの高さで北九州と筑豊を分け、あの山を越えて煙が流れて来るとは大人も考えていなかった。スモッグの帯が三〇〇〇メートルの位置で八幡を守っていたことは米国陸軍戦史で初めて知ったのである。

この朝に限って何度も後ろをふり返ったのは、前日の空襲で、百合野に住む同級生が被害を受けたからである。ふり返ると福知山がくっきり見え、その向こう、小倉の空も、やや白っぽく見えたが晴れていた。福知山は直方市街に近く、急に雨が来る直前には、山裾まで白い雲に覆われて物凄い様子になる山である。

十二歳になったばかりの私にとって九日は特別な日であった。前日、初めて計画した誕生祝いが失敗したのである。その悔しさ、苦い思いは忘れられない。

誰でも習慣的にやっていたことだが、いつも家を出ると、まず空を確かめた。敵機はいないかと爆音に耳を澄ませた。日の丸をつけた飛行機を探し、そのたびに失望した。

約一時間後、宮田町西方を歩いていた私たちの上に、非常な高空を飛ぶ一機が北九州方向から現われ、西から広がってきたうす黒い雲に隠れ、旋回して戻っていった。雲が広が

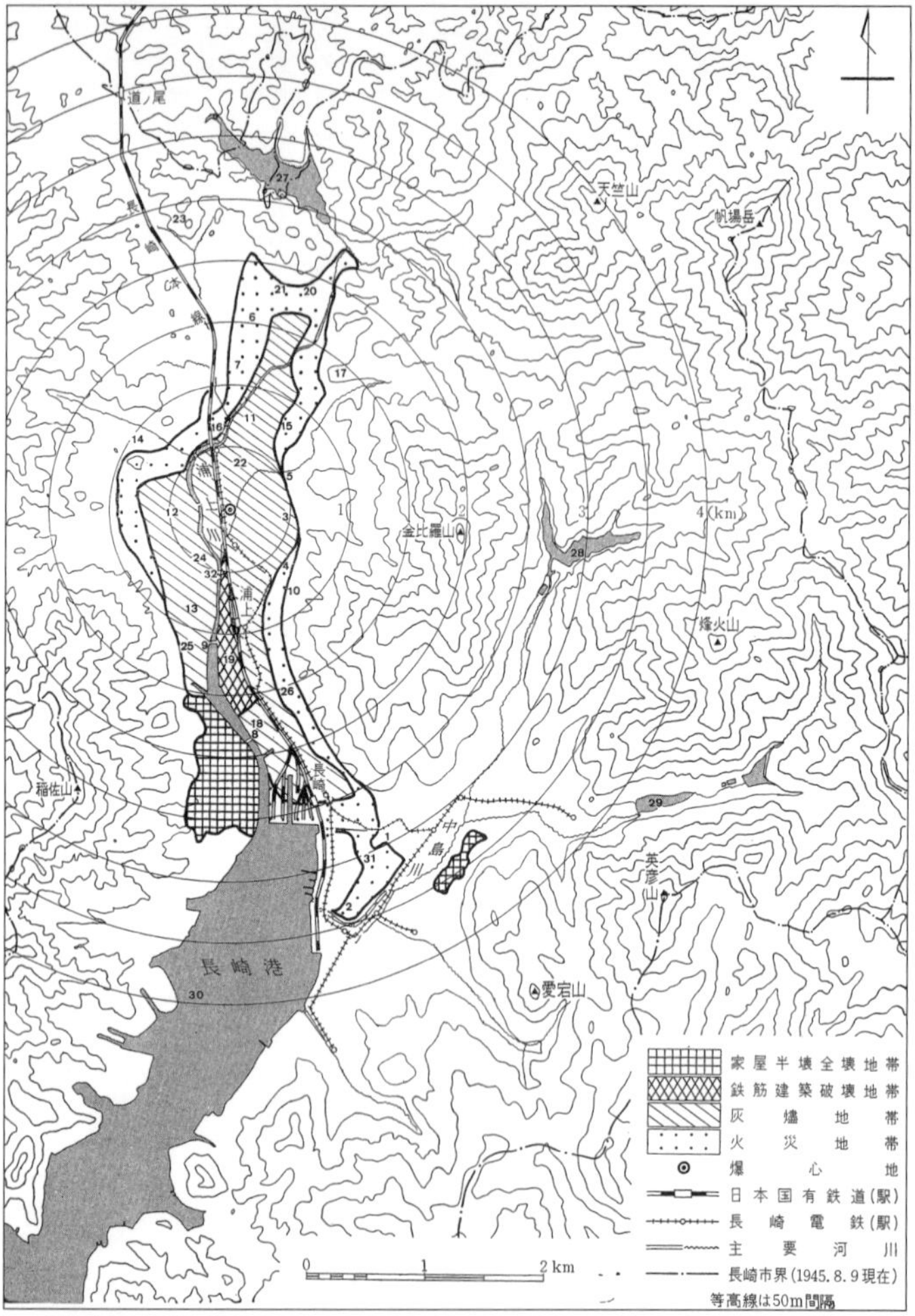

長崎被災状況図（『広島・長崎の原爆災害』岩波書店・1979年）

ってきた。あんなにいいお天気だったのに……と思った。

長崎原爆機が小倉で爆撃を諦めたと聞いたとき、不思議な感じがした。雲はだいたい西から来る。あの雲が広がってくる前から、東の小倉が厚い雲に覆われていたというのは変だ。その疑問はずっと胸にくすぶっていた。

数年前、長崎出身の医師林田昇平氏（九州大学医学部一九四九年卒）から秘話を聞いた。小倉に独自の自衛策を考えた人々がいたというのである。林田氏は長崎医科大学に学んだが、海兵に転じて江田島にいたために命拾いをした。先月、長崎出身者の会合で講師が予定原稿の内容を変更する必要が生じたため、急きょ取っておきのこの話をした。彼はその後、口を閉じ、取材を拒んでいる。

これも一種の煙幕作戦であった。人と資材の関係で、その実行には憲兵か警察の手が必要となり、計画は彼らの手を離れた。

その日、太陽が濁って見え、雲の上の一機が爆撃をせずに去ったので、計画は実行され、成功したとみられた。しかし、それが長崎の不幸を招いたと考えられたことから、彼らは秘密を守ることを誓った。占領下では、それはいっそう重大な秘密となった。

広島、長崎とのつながりは多くない。一つは高校生のころ永井隆博士原作の「この子を残して」の劇を観たことである。すっかり忘れていたのを最近ふと思い出した。まだ占領下であったと思う。これは検閲を経ず密かに行なわれたのかも知れない。直方の芝居小屋で、暗い舞台であった。もう一つは昭和四十年ころである。浜井広島市長一行が渋谷の三井銀行の入口で原爆ドーム保存のためのカンパをしていた。目標の四〇〇〇万円を突破、最終的には七〇〇〇万円に達したという。

原爆報道のために、新聞雑誌は何度か発行禁止になった。自由を保証するはずの占領軍は、言論を統制した。このため、日本人は原爆について知る機会をうばわれた。歳月が経ち、被爆者が姿を消すのにともない、民族の記憶が欠落していった。それは人類の損失となった。

もし、放射能の危険性について日本人が十分な知識を持ち、子供たちを教育していたら、政府がたえず世界に呼び掛けていたら、チェルノブイリや東海村の事故は起こらなかったのではないだろうか。加害者側に立つこと、それだけは日本人の越えてはならない一線であった。

広島市は、一九四七年（昭和二十二年）八月三十日、二年前の原爆死者推定数を「二一万から二四万」と訂正した。

一九四九年（昭和二十四年）九月十日、長崎市も原爆死者の数を訂正した。

爆死者七万三八八四名、負傷行方不明者七万六七九六名、合計十五万六八〇名。

しかし、原爆の特異性は、統計が完結しない所にある。この日の新聞は、広島の一女性の白血病死を報じている。四年後に突然発病し、二ヶ月後に死亡したのである。

原爆は戦争を変えた。原爆は町を消し、地域の歴史を消し、血筋を絶やす。子や孫にも未来がないと知ったとき、人は生の意味を見失う。働くこと、教育を受けること、努力することが無意味になる。米軍人は、その被害が全世界と自分に及ぶことを考えなかった。

北九州市民が長崎の犠牲者に対して感じている「すまなさ」を外国人は理解できるだろうか。それはほとんど不可抗力であったにもかかわらず、実際は人間が人間に対して行なった行為であり、天災や不慮の事故ではなかったために生じた感情である。二つの目標の選択を実行者が任されていたことは明らかではなかった。

八幡と小倉はあまりに近かった。八幡は、小倉に投下されるプルトニュウム爆弾の効果を拡大するために破壊しておく必要があった。三十五分で二五〇〇という、例のない圧縮度であった。

横から見た原爆投下作戦

2006年10月30日　第1刷発行

著　者　秋《あき》吉《よし》美《み》也《や》子《こ》

発行人　浜　　正　史

発行所　株式会社　元就《げんしゆう》出版社

〒171-0022　東京都豊島区南池袋4-20-9
サンロードビル2F-B

電話　03-3986-7736　FAX　03-3987-2580

振替　00120-3-31078

装　幀　純　谷　祥　一

印刷所　中央精版印刷株式会社

※乱丁本・落丁本はお取り替えいたします。

ISBN4-86106-044-3　C 0095